2023 年度河北省高等学校科学研究项目《高职教学数字升级背景下旅游类专业人才培养研究与实践》
项目类别：自筹经费项目
课题编号：SZ2023063

U1008533

高职旅游专业建设探索

——“三教”多维动态过程研究

杨新春　郝彦革　著

天津出版传媒集团
天津科学技术出版社

图书在版编目（CIP）数据

高职旅游专业建设探索：“三教”多维动态过程研究 / 杨新春，郝彦革著. -- 天津：天津科学技术出版社，2023.5

ISBN 978-7-5742-1156-8

Ⅰ. ①高… Ⅱ. ①杨… ②郝… Ⅲ. ①高等职业教育－旅游业－学科建设－研究－中国 Ⅳ. ①F592

中国国家版本馆CIP数据核字(2023)第083007号

高职旅游专业建设探索：“三教”多维动态过程研究
GAOZHI LÜYOU ZHUANYE JIANSHE TANSUO：“ SANJIAO ” DUOWEI DONGTAI GUOCHENG YANJIU

责任编辑：宋佳霖
责任印制：兰　毅
出　　版：天津出版传媒集团
　　　　　天津科学技术出版社
地　　址：天津市西康路35号
邮　　编：300051
电　　话：（022）23332490
网　　址：www.tjkjcbs.com.cn
发　　行：新华书店经销
印　　刷：定州启航印刷有限公司

开本 710×1000　1/16　印张 15.5　字数 200 000
2023年5月第1版第1次印刷
定价：88.00元

前　言

2019年，国务院印发了《国家职业教育改革实施方案》，正式吹响了新时代我国职业教育改革的号角。高职教育是高等职业教育的简称，它是我国教育的重要组成部分，包括高等职业专科教育、高等职业本科教育、研究生层次职业教育，是教育发展中的一个类型，肩负着为经济社会建设与发展培养应用型技术技能人才的重要使命。

旅游业是一项涉及各个领域和行业的综合性行业，也是为旅游者提供食、住、行、游、购等一体化消费的系统社会工程。旅游业的经营不同于其他行业，而是将旅游行业所涉及的餐饮、住宿、交通、游览和购物等各个领域加以组合和设计，从而形成一体化的系统服务体系。

在国家职业教育改革的时代背景下，高职旅游专业建设面临着的新的机遇与挑战。本书主要对高职旅游专业建设进行详细分析。

第一章，从高职教育概述、高职旅游专业教育、新时代高职旅游专业建设的机遇和挑战三个方面对我国高职旅游专业发展概况进行了论述。

第二章，从组织行为学理论、文化适应理论、职业生涯规划理论等方面对“三教”改革背景下高职旅游专业建设的理论基础进行了论述。

第三章，从高职院校“三教”改革的背景、高职院校旅游专业“三教”改革的内涵两个方面对“三教”改革背景下高职旅游专业建设进行了论述。

第四章，从“三教”改革背景下高职旅游专业教师队伍建设的必要性、“三教”改革背景下高职旅游专业双师型教师队伍建设、“三教”改革背景下高职旅游专业双师型教师管理策略三个方面对“三教”改革背景下高职旅游专业教师队伍建设进行了论述。

第五章，从“三教”改革背景下高职旅游专业教材改革的必要性、“三教”改革背景下高职旅游专业教材建设的理念、“三教”改革背景下高职旅游专业教材改革的策略三个方面对“三教”改革背景下高职旅游专业教材建设进行了论述。

第六章，从建构主义教学、体验式教学、线上教学创新三个方面对“三教”改革背景下高职旅游专业教学方法建设进行了论述。

本书论述翔实，结合时代背景对高职旅游专业建设进行了深入分析，适合高职旅游专业教师和学生等读者阅读。

目　录

第一章　高职旅游专业发展概况

第一节　高职教育概述

高等职业教育，简称高职教育，是高等教育的重要组成部分，其是职业教育体系的最高层次，是作为有别于普通高等教育的一种类型而存在的。本节主要对高职教育的相关概念、特征等进行概述。

一、高职教育的相关概念

高等职业教育，属于职业教育范畴，是伴随着社会经济的发展而逐渐出现的一种教育类型，也是高等教育的一种特殊模式。了解高职教育的概念，首先应对职业、职业教育等相关概念进行辨析。

（一）职业、专业、技术

1. 职业

职业是伴随着人类发展到一定阶段而出现的社会历史现象。从个人的角度看，职业是劳动者在社会上“扮演”的某种角色，借助特定的职业，个人能够承担一定的社会义务和责任，同时从中获得相应的收入和报酬；从社会的角度看，职业是劳动者获得的社会角色；从国家的角度看，职业属于社会分工，存在于组织活动之中，职业活动是社会存在和发展的基础。职业具有相对性、专业性、目的性和时代性的特点。

2. 专业

专业，也是社会发展和社会分工的产物，意为专门从事某种学业或职业。专业与职业之间存在密切联系，专业具有职业定向功能和职业主导功能。职业是一个人从事岗位的工作性质，而专业是指所学的内容有独专之处。

就职业教育而言，职业教育的专业应当体现出一定的职业内涵，即职业教育的专业划分基础与职业资质应当保持一致；职业教育的专业培养目标方向应当与职业的功能保持一致；职业教育的专业教育教学过程中所使用的方法应当与该职业未来的工作环境和活动空间保持一致；职业教育中专业设置的社会认同应当与该职业在社会中的地位等保持一致。

3. 技术

技术是指人们利用现有事物形成新事物，或是改变现有事物功能、性能的方法。

职业与技术之间也存在密不可分的关系。职业的形成和发展离不开技术的发展与进步。而技术的发展和进步则会推动社会职业的更新换代。而社会职业划分能够促进技术能力的发展与提高。就个人而言，其必须不断提升自身的职业技术能力才能避免被其他职业替代。

（二）职业教育与高等职业教育

职业教育是依托于当前社会的分类体系的教育，与社会职业具有密切关系。职业教育具有社会性、生产性、职业性、产业性、多样性和适应性的特征（表 1–1）。

表 1–1　职业教育的特点一览表

项目	内容
社会性	职业教育的社会性表现在两个方面： 1. 职业教育是伴随着人类社会的发展而兴起的，是一种独特的社会现象； 2. 职业教育的目的在于帮助学生掌握未来特定职业所必需的知识和技能，从而促进学生的社会化发展，获得在社会中生存和生活的能力
生产性	职业教育的生产性是指职业教育是社会生产和再生产过程中的一个必要环节，承担着为社会培养高素质和高水平技能型人才的重任，有利于通过人才培养实现劳动力的升级转型，达到推动产业转型的目的
职业性	职业教育是为了适应职业而开展的一种定向教育，与社会职业之间存在较强的依赖性，社会职业的产生、发展和变化直接决定着职业教育的产生、发展和变化

续 表

项目	内容
产业性	职业教育与社会产业经济的发展紧密相关，可以视为社会产业的延伸，是社会产业不可分割的一部分，此外，职业教育自身也可以视为一种教育产业，通过产教融合、校企合作的方式生产产品，创造一定的社会经济价值
多样性	职业教育的多样性由职业教育的职业性衍生而来，由于职业类型多样，因此，职业教育也具有多样性，职业教育的多样性是与社会需求相适应的
适应性	职业教育是伴随着社会生产技术的发展而发展和变化的，而科技的进步所引发的生产技术的更新换代，必然带来产业结构的调整，从而引发职业种类和规模等变化，而职业教育也会因此而发生变化，从这一视角来看，职业教育具有较强的适应性

高职教育，广义上是指一切建立在中等教育基础上的专业教育。这个层级涵盖了大学、学院、理工学院、技术学院以及其他颁授学位或者专业证书的学院机构。改革开放以来，中国高等教育事业获得了长足发展，初步形成了多种层次、多种形式、学科门类基本齐全的社会主义高等教育体系，为社会主义现代化建设培养了大批高级专门人才，在国家经济建设、科技进步和社会发展中发挥了重要作用。

本书中的高职教育是指采用专门学校教育对受教育者进行职业培训，传授专门职业所需要的文化知识、基本理论、专门技能和职业精神，以培养企业所需要的中、高级技术技能型人才的一种高等教育。

高职教育是一种特殊的高等教育类型，其与普通高等教育的区别在于，高职教育的教学内容和课程设置不是按照学科要求安排的，而是以职业培养岗位能力为中心进行安排的。高职学生在校期间必须完成上岗的实践训练，毕业后即能够进行基本顶岗工作。

二、高职教育的特征

高职教育与普通高等教育均属于高等教育的范畴，高职教育与普通高等教育相比存在诸多区别，主要表现在培养目标、专业设置、课程设置、人才培养模式、办学体制、师资队伍、社会服务、内部管理、招生就业等多个方面（表1–2）。

表1–2　高职教育与普通高等教育区别一览表

序号	项目	高职教育	普通高等教育
1	培养目标	培养技艺型、操作型、服务型人才	培养研究型、探索型、设计型人才
2	专业设置	根据产业、行业结构进行专业设置	根据学科进行专业设置
3	课程设置	根据职业、岗位所需要的能力或能力要素进行课程设置	根据学科知识结构的内部逻辑进行课程设置
4	人才培养模式	根据职业岗位所需的工作能力进行人才培养，强调理论与实践并重，倡导“做中学，学中做”	以课堂教学为主，配合实验、实习等联系实际的环节
5	办学体制	强调校企合作办学	以政府为办学主体
6	师资队伍	强调专兼结合，理论与实践教师相结合	强调教学和科研兼顾
7	社会服务	强调科技服务和培训	强调科学研究和技术开发
8	内部管理	以院系两级管理为主，机构精简	以校、院（部、中心）、系（室）三级管理为主
9	招生就业	单独招生，面向生产、管理服务第一线就业，倡导创业	统一招生，面向全国各行业就业

了解了高职教育与普通高等教育的区别之后，即可明确高职教育的特征。高职教育的基本特征包括高等性、职业性、技术性、跨界性、应用性、区域性等。

（一）高等性

高职教育是高等教育发展中的一个类型，与中等职业教育相比，教育边界更加宽广，职业教育的针对性更强，职业技能水平要求更高，同时，职业技能迁移能力也更强。高职教育强调教育的学术质量、知识质量，所培养出来的人才具备较高水平的专业知识整合能力和专业技术可迁移能力。

此外，高职教育的教育内容既包括某个职业或职业群内的基本技术，也包括前沿技术、关键技术等构成的技术体系，彰显出高职教育所培养人才的标准不是为了完成岗位的基本工作，而是能够胜任跨部门、跨岗位的工作，既能够解决一线工作方面的技术问题，也能够对一线工作进行指导。由此可见，高职教育的内容体现出较强的高等性和复杂性。

高职教育作为高等教育的一种类型，除了进行人才培养之外，还承担着科学研究、技术革新、社会服务等高等教育的职责，因此，从这一视角来看，高职教育也具有高等性的特征，高等性是高职教育的基本属性。

（二）职业性

高等教育可以划分为学术型高等教育和高职教育，这两者均较为注重教育的职业性。普通高等教育在注重学科教育和学术教育的同时，并没有否认其职业性。而高职教育与普通高等教育相比，其职业相对较窄，职业的针对性更强。

职业宽度是指在一定时期，社会中某一职业或职业群，依据需要而包含的一组相互关联的职业岗位群落。职业深度则是指某一职业的水平。高职教育的职业宽度是指其跨越的职业或职业群的宽窄程度，而高职教育的职业深度则是指其承载的职业技能水平。职业教育的职业宽度通常跨越了低、中、高三种不同程度，大部分在高等以下。这种职业宽度关注具体职业的个性，要求其培养的人才在一个职业上达到技术熟练的程度，并习得某种职业技术。而人才所习得的这种职业技术是相对于某个职业或职业群而言的，在相应的职业或职业群范围内具有可胜任性和可迁移性。

高职教育所培养的人才最终将面向具体的生产、实践活动，属于各种职业所需的技术型人才。而由于每种类型的职业均有其特定的岗位要求、内容、情境，因此，高职教育在进行人才培养时，能够解决人才的职业困惑、提升人才的职业能力。此外，高职教育还十分注重培养人才的职业素养，包括人才的职业道德、职业素养和人文素质等。

综上所述，高职教育对人才的培养侧重于一定程度的职业宽度，更具有职业针对性，是培养人才具有一定职业或职业群的高水平职业服务能力和一定程度的技能可迁移能力的教育类型。

（三）技术性

高职教育所培养的人才是具有较强的职业针对性的人才，需要掌握一定的职业技术，并具备较强的职业迁移能力。近年来，伴随着科学技术的快速发展，知识经济时代已然来临。知识经济时代，知识取代了以往单纯的劳动力而成为最重要的经济增长因素，在劳动者中，脑力劳动者的比重不断上升，而技术的不断升级使社会需要更多的智能劳动者（技术型人才），如工程师、高水平技术人员、信息设计人员和受过专门技术培训的人员等。高职教育在进行人才培养时，为了提高人才的职业竞争力和职业迁移能力更加注重技术性教育。

高职教育的职业性和技术性相互依存，对培养高职教育人才的综合能力具有重要作用。

（四）跨界性

高职教育具有较强的职业针对性，为了增强高职教育的职业针对性，不断提升高职人才的综合性能力，高职教育的办学模式通常为校企合作。校企合作是指职业学校和企业通过共同育人、合作研究、共建机构、共享资源等方式培养人才。

从课程实施主体来看，校企合作倡导学校和企业共同作为课程实施主体，学校对学生进行职业相关的理论课程教育，而企业则对学生进行与职业相关的实践课程教育。

由此可见，高职教育的学习地点通常有两个，一个是高职院校，另一个则是企业，从这一视角来看，高职教育具有鲜明的跨界性。此外，高职教育作为一种特殊的高等教育类型，还跨越了学习和实践工作的界限。由于高职教育所培养的人才均为某一职业领域的特殊人才，毕业后能够直接进入企业进行工作，为了使人才达到相应的要求，高职教育在纯粹的学校学习之外，还将学习融入工作的需要当中，同时将工作融入学习之中。其所培养的人才在企业实践时，通常采用在学中做，在做中学的方式，将职业相关的理论知识与实际工作场景结合起来，将学习经验带到工作中，使学习和工作完全融合在一起。

职业教育的跨界性，还表现在跨越职位工作与学校教育的界限，在遵循教育课程阶段教育认知和学习知识的规律的同时，还遵循职业成长阶段的规律培养人才，实现了教育课程发展规律与职业阶段发展规律的融合。

（五）应用性

高职教育与普通高等教育相比，具有较强的应用性。高职教育的应用性主要表现在以下几个方面。

1. 高职教育知识的产生具有应用性

高职教育作为一种培养职业针对性较强的人才教育类型，其知识体系与企业生产和应用知识体系具有较强的融合性。

知识来源于实践，经过反复实践与再认识，人类将在实践中获得的经验知识化，形成和积累知识。高职教育的知识体系直接来源于社会生产实践，其知识的形成与积累方式是生产实际——技术创新——理论支撑。伴随着知识经济时代的到来，知识的生产、传播和使用成为社会进步和发展的必然途径。对于高职教育来说，其知识生产体系与企业知识生产体系之间存在不可忽略的联系。尤其是大型企业的知识生产体系，在行业内起着重要的推动作用，不仅是大型企业自身技术创新的主要力量，也是推动行业技术创新的重要力量之一。这些大型企业的知识生产体系往往会被吸纳为高职教育知识的内容，以便确保高职教育职业的针对性。而大型企业的知识生产体系是为其生产而服务的，具有极强的实践应用性。由此可见，高职教育知识的产生具有应用性。

2. 高职教育知识的传播具有应用性

高职教育知识的传播主要通过课程进行传播，课程是高职教育知识传播的主要媒介和途径。高职教育的课程属于工学结合的课程。工学结合的课程是将学习与工作相结合，既包括高职院校的理论知识教育，也包括高职院校所合作企业的实践知识教育，充分将课堂教学与企业实践知识结合起来，以培养具有较强职业针对性的技术技能型人才。

由此可见，高职教育的课程所传播的知识属于工学结合的知识，具有较强的实践应用性特征。

3. 高职教育知识的归属具有应用性

高职教育知识的归属即指学习知识的目的，是将知识应用于实践。高职教育作为国家高等教育的重要组成部分，不仅承担着人才培养的重任，还承担着一定的社会服务职责，主要侧重知识研发和知识服务。高职教育所培养的人才具有较强的应用性，社会服务也侧重实践性和针对性，从这一视角来看，高职教育的知识归属具有较强的应用性。

（六）区域性

与普通高等教育服务于全国乃至全球不同，高职教育所服务的范围具有区域性的特点。

普通高等教育属于学术型高等教育，其所培养的人才具有普适性，而高职教育所培养的人才职业针对性更强，通常是为特定的区域、行业培养生产第一线的应用型人才，与特定区域的市场、职业、行业等有着直接而密切的关系。

从高职教育的办学定位来看，其是为了满足区域经济发展和产业转型升级对高技能人才的需求，根据特定区域的经济发展而设置专业和课程，为区域经济内特定的行业、企业而服务。从这一视角来看，高职教育具有区域性。

从高职教育的责任主体来看，高职教育作为国家教育的重要组成部分，其责任主体主要为地方教育机构、地方政府、地方企业，只有地方责任主体充分发挥作用，当地的高职教育才能获得长足的发展。而高职教育作为承担着一定社会责任的机构，只有充分立足区域发展，培养符合区域发展的人才，为区域经济贡献力量，才能完成其教育使命。否则，高职教育如果背离了其区域性，就会出现办学的盲目性，易造成千校一面，也会失去高职教育存在的合理性。

综上所述，高职教育具有多种特征，这些特征既相互依存、相伴相生，也反映了高职教育的本质和独特性，只有这些特征同时存在，才能称得上是高职教育，也才具有可持续性和生命力。

第二节　高职旅游专业教育

高职旅游专业教育是伴随着旅游教育的兴起和繁荣而发展壮大起来的，主要突出对旅游从业人员文化知识、服务技能和管理能力的培养，为旅游业输送高等技术技能型人才。本节主要对高职旅游专业教育进行分析。

一、旅游与旅游教育

旅游教育是伴随着旅游业的快速发展而兴起的，了解高职旅游专业教育应当首先了解旅游、旅游教育的概念、构成因素、目的等。

（一）旅游

“旅游”一词在汉语中最早出现于我国南北朝时期，沈约的诗歌《悲哉行》中的“旅游媚年春，年春媚游人”诗句，此诗句中的“旅游”含有“旅行和游览”之意。除了旅游一词之外，中国古代含有“旅行”“游览”“旅”“游”等词语的古籍数不胜数。20世纪初期，中国白话文运动之后，我国出版的旅游方面的书籍中大多以“旅行”“旅游”“游览”等词语作为书名，如近代出版的《中国古代旅行之研究》《中国旅行手册》《中国人之游览观》《游览事业之意义》《游览资源问题》《旅游中的道德问题》等。由此可见，近代时期，“旅行”“旅游”“游览”等词语是人们的习惯称呼，这三个词语的内涵虽各有侧重，然而均含有“旅游”之意。新中国成立后，随着中国对外事务逐渐增多，人们开始将“旅行”“游览”两词连用，之后，“旅行”“游览”逐渐连称为“旅游”。改革开放后，“旅游”一词基本代替了“旅行”“游览”。

现代意义上的“旅游”一词，从英文“tourism”一词翻译而来，原意为浏览的嗜好，引申为有关游览的学问。

自现代意义上的“旅游”一词出现后，国内外学者分别从不同角度对该词的定义进行阐释。从经济学角度来看，旅游属于高级消费行为，是社会经济和人们生活水平发展到一定程度的产物。根据世界旅游组织、世界旅游理事会和地球理事会等组织机构联合制定的《关于旅游业的21世纪议程》，旅游的定义为：“人们为休闲、商务或其他目的，离开他们惯常环境，而去他处并在那里逗留连续不超过一年的活动。”① 这一概念，

① 张华，李凌．智慧旅游管理与实务[M]．北京：北京理工大学出版社，2017：1.

对旅游的目的进行了阐释，指明休闲、商务或度假、考察、购物、观赏风物、探亲、探险、体育锻炼等目的行为均属于旅游范畴；对旅游的时间进行了明确规定，即连续在某地停留时间不超过一年；对旅游的空间进行了规定：人们必须为离开惯常居住地到其他地方。

旅游作为人们的一种消费形式，按照不同标准可划分为不同类型，例如，按照地区划分，旅游可分为境内旅游、境外旅游、出境旅游、边境旅游等；又如，按照人数划分，旅游可分为自助旅游、团队旅游、散客旅游、互助旅游等；再如，按照目的划分，旅游可分为休闲旅游、商务旅游、度假旅游、考察旅游、购物旅游、观光旅游、探亲旅游、探险旅游等。

（二）旅游教育

教育是指一切有目的地影响人的身心发展的社会实践活动，其具有明确的主题且属于一种社会文化活动。旅游教育是旅游教育者根据旅游业的发展需要，在遵循受教育者认知规律和身心发展规律的基础上，有计划、有目的、有组织地对受教育者进行旅游理论知识传授、实践能力和旅游职业道德培养等的教育活动。

旅游教育是一门新兴学科，其研究对象是社会旅游教育的一切现象及一般规律。旅游教育以旅游为立足点，其目的在于培养旅游业人才。旅游教育是一个开放的教育系统，其构成因素包括旅游教育者、受教育者、教育内容、教育方法、教育环境（表 1–3）。

表 1–3　旅游教育的构成因素一览表

序号	因素	内涵	备注
1	旅游教育者	旅游教育管理人员、旅游教育专兼职教师、校外旅游机构的工作人员、传输旅游知识的景区管理者和服务人员	是旅游教育的主体之一，在旅游教育中处于引导和管控的地位

续 表

序号	因素	内涵	备注
2	受教育者	学校旅游专业教育对象	是旅游教育的主体之一，在旅游教育中处于被引导的地位
3	教育内容	涉及知识教育、德育、美育等	旅游教育内容的载体包括教科书、参考书、其他形式的信息载体等
4	教育方法	包括以语言传递为主的教学方法；以直观感知为主的教学方法；以实际训练为主的教学方法；以引导探究为主的教学方法	教育教学方法并不是固定的，而是需要旅游教育者和受教育者不断探索新的教育方法，提升旅游教育质量
5	教育环境	包括旅游教育实践的时间和空间，包括实施旅游教育的教室、实习基地等	旅游教育环境的质量越高，旅游教育的效果越好

综上所述，旅游教育属于职业技术类教育，研究旅游教育的一切现象。作为一种教育活动，旅游教育必须遵循教育规律，明确教育目的。只有各教育因素之间相互协作才能达到良好的教育效果，实现教育目的。

二、我国高职旅游教育的兴起与发展

我国旅游教育的兴起与旅游业的发展息息相关。1949 年中华人民共和国成立后，伴随着我国华侨出入境旅行的需要，以及对外民间交往的需要，我国有关部门于 20 世纪 50 年代成立了华侨旅行社和中国国际旅行社，这些旅行机构主要承担华侨和访华外宾的出行、游玩，以及住宿、饮食等事宜。伴随着旅游事业的发展，为了满足旅游服务的要求，我国有关部门开始对相关从业人员进行培训。这一时期为旅行社组织的培训，所培训对象主要为翻译导游人员、宾馆服务员和司机等，培训内容涉及思想政治、一般知识以及外语知识等。这一时期培训规模较小，培训类型较为单一，且培训的形式和时间尚未形成制度。

20 世纪 70 年代末，伴随着改革开放的东风，我国旅游业进入快速发展的阶段。而伴随着旅游业的发展，我国对旅游人才的需求也越来越多。为了适应我国旅游业的发展，我国旅游教育应运而生，并在短短数十年内走上了发展的快车道。

1978 年，我国国家旅游行政管理部门正式设立了旅游教育机构，培养旅游人才和旅游从业人员以及高层次的组织管理人才。同年，南京旅游学校成立，这是中华人民共和国成立以来我国第一所旅游中等专业学校。

1979 年，上海市外事部门成立了我国第一所旅游院校，即上海旅行游览专科学校，该校的成立正式拉开了我国高职旅游教育的序幕。1980 年，上海旅行游览专科学校正式更名为上海旅游专科学校，1992 年再次更名为上海旅游高等专科学校。

进入 20 世纪 80 年代后，伴随着我国桂林旅游业的发展，在广西壮族自治区人民政府的支持下，桂林旅游专科学校于 1985 年设立，初时只招收中专生，1988 年开始招收大专生，1994 年更名为桂林旅游高等专科学校。

在中职和高职旅游教育发展的同时，一些普通高等本科院校也相继开设了大专层次的旅游类专业。

进入 20 世纪 90 年代后，伴随着旅游业的快速发展以及我国对高职教育的重视，许多中职学校纷纷升格为高职院校。根据有关数据统计，1998—1999 年，全国有约 85 所新建或中职院校升格而成的高职院校。

迈入 21 世纪后，伴随着我国高等教育进一步发展，我国旅游高职院校越来越多。仅 2002—2004 年就涌现出一批新建或升格的高职院校，包括浙江旅游职业学校、青岛酒店管理职业技术学校、江西旅游商贸职业学校、长沙商贸旅游职业技术学校、黑龙江旅游职业技术学院、郑州旅游职业学院、太原旅游职业学院、山西旅游职业学院、山东旅游职业学院等。

2012年，中华人民共和国教育部（以下简称教育部）公布的《2012年具有普通高等学历教育招生资格的高等学校名单》中包含1288所普通高职（专科）院校，其中院校名称中带有"旅游"二字的高职院校有河北旅游职业学院、太原旅游职业学院、山西旅游职业学院、黑龙江旅游职业技术学院、上海旅游高等专科学校、南京旅游职业学院、浙江旅游职业学院、民办安徽旅游职业学院、江西旅游商贸职业学院、山东旅游职业学院、郑州旅游职业学院、郑州商贸旅游职业学院、三峡旅游职业技术学院、长沙商贸旅游职业技术学院、湖南高尔夫旅游职业学院、桂林旅游高等专科学校、三亚航空旅游职业学院、重庆旅游职业学院、云南旅游职业学院、陕西旅游烹饪职业学院等。

除了这些学校之外，其他多所高职院校中设立了与旅游相关的专业，培养各种旅游职业人才。例如，青岛酒店管理职业技术学院、青岛职业技术学院、武汉职业技术学院、北京财贸职业学院、海南经贸职业技术学院、陕西职业技术学院、日照职业技术学院、成都职业技术学院、南宁职业技术学院、青岛职业技术学院、宁波城市职业技术学院、天津市职业大学、黑龙江农业经济职业学院、黑龙江旅游职业技术学院、秦皇岛职业技术学院、顺德职业技术学院、安徽工商职业学院、珠海城市职业技术学院、漳州职业技术学院、长春职业技术学院、西宁城市职业技术学院、江西外语外贸职业学院、湖南外贸职业学院、黄河水利职业技术学院、无锡商业职业技术学院、大连职业技术学院、广东轻工职业技术学院、重庆城市管理职业学院、济宁职业技术学院、安徽财贸职业学院、湖北三峡职业技术学院、三亚中瑞酒店管理职业学院、上海城建职业学院、广东酒店管理职业技术学院、广西国际商务职业技术学院、义乌工商职业技术学院、黑龙江职业学院、成都纺织高等专科学校、沈阳职业技术学院、无锡城市职业技术学院、广州涉外经济职业技术学院、黔东南民族职业技术学院、河北对外经贸职业学院、山东外贸职业学院、四川现代职业学院、石家庄职业技术学院、恩施职业技术学院、广东科学技术职业学院、苏州经贸职业技术学院、海南职业技术学院、九江职业大学、广州番禺职业技术学院、济南职业学院、淄博职业学院、山西省财政税务专科学校、宁夏工商职业技术学院、湖南商务职业技术学院、海南外国语职业学院、江西工业贸易职业技术学院、枣庄职业学院、天津商务职业学院、内蒙古商贸职业学院、安徽国际商务职业学院、安徽商贸职业技术学院、南充文化旅游职业学院、安徽中澳科技职业学院、重庆财经职业学院、四川城市职业学院、浙江工商职业技术学院、重庆商务职业学院、广东农工商职业技术学院、乌鲁木齐职业大学、福州职业技术学院、安徽职业技术学院、江苏农林职业技术学院、河南职业技术学院等。

2014 年,《国务院关于加快发展现代职业教育的决定》《国务院关于促进旅游业改革发展的若干意见》等文件发布，有力地推动了我国高职旅游教育的发展。2015 年，中华人民共和国国家旅游局（今中华人民共和国文化和旅游部，以下简称国家旅游局）和教育部联合印发了《加快发展现代旅游职业教育的指导意见》。其中指出:“支持各类办学主体捐资、出资举办旅游职业教育，发展民办旅游职业教育。引导社会力量参与旅游职业教育，共同开发课程、教材、参与办学、管理和评价等。推动旅游职业院校依法制定体现旅游职业教育特色的章程和制度，完善治理结构，提升治理能力，建立学校、行业、企业等共同参与的学校理事会或董事会。进一步扩大旅游职业院校在专业设置、人事管理、教师评聘、收入分配等方面的自主权。”

2017 年，教育部办公厅、国家旅游局办公室发布了《关于公布全国职业院校旅游类示范专业点名单的通知》评选出 73 个全国职业院校旅游类示范专业点（表 1–4）。

表 1-4　全国职业院校旅游类示范专业点名单

序号	省（市、区）	学校	专业
1	北京市	北京市外事学校	高星级饭店运营与管理
2		北京财贸职业学院	导游
3		北京经济管理职业学院	旅游管理
4	天津市	天津青年职业学院	旅游管理
5		天津职业大学	酒店管理
6	河北省	石家庄市旅游学校	高星级饭店运营与管理
7		河北旅游职业学院	旅游管理
8	山西省	长治市第一职业高级中学	旅游服务与管理
9		太原旅游职业学院	导游
10	辽宁省	丹东市中等职业技术专业学校	高星级饭店运营与管理
11		沈阳市外事服务学校	高星级饭店运营与管理
12		沈阳市旅游学校	旅游服务与管理
13		辽宁现代服务职业技术学院	旅游管理
14	吉林省	吉林女子学校	旅游服务与管理
15		长春市农业学校	高星级饭店运营与管理
16		长春职业技术学院	酒店管理
17	黑龙江省	牡丹江市职业教育中心学校	高星级饭店运营与管理
18		黑龙江旅游职业技术学院	旅游管理
19	上海市	上海市南湖职业学校	高星级饭店运营与管理
20		上海市商贸旅游学校	旅游服务与管理
21		上海市现代职业技术学校	高星级饭店运营与管理
22		上海旅游高等专科学校	酒店管理
23		上海旅游高等专科学校	会展策划与管理

续　表

序号	省（市、区）	学校	专业
24	江苏省	常州旅游商贸高等职业技术学校	旅游服务与管理
25		苏州旅游与财经高等职业技术学校	旅游管理
26		南京旅游职业学院	酒店管理
27		无锡城市职业技术学院	酒店管理
28	浙江省	安吉职业教育中心学校	旅游服务与管理
29		杭州市旅游职业学校	旅游服务与管理
30		浙江旅游职业学院	导游
31		浙江旅游职业学院	景区开发与管理
32	安徽省	安徽工商职业学院	酒店管理
33		安徽商贸职业技术学院	旅游管理
34	福建省	福州旅游职业中专学校	旅游服务与管理
35		福州职业技术学院	旅游管理
36		厦门城市职业学院	旅游管理
37		漳州职业技术学院	旅游管理
38	江西省	江西工业贸易职业技术学院	酒店管理
39		江西旅游商贸职业学院	酒店管理
40	山东省	青岛旅游学校	高星级饭店运营与管理
41		山东省潍坊商业学校	旅游服务与管理
42		青岛酒店管理职业技术学院	旅游管理
43		山东旅游职业学院	酒店管理
44		山东外贸职业学院	旅游管理
45	河南省	河南职业技术学院	旅游管理
46		郑州旅游职业学院	旅游管理
47		郑州旅游职业学院	酒店管理

续 表

序号	省（市、区）	学校	专业
48	湖北省	恩施职业技术学院	旅游管理
49		武汉城市职业学院	酒店管理
50		武汉职业技术学院	酒店管理
51	湖南省	长沙商贸旅游职业技术学院	旅游管理
52		长沙商贸旅游职业技术学院	会展策划与管理
53	广东省	广东省旅游职业技术学校	高星级饭店运营与管理
54		广州市旅游商务职业学校	高星级饭店运营与管理
55		广东轻工职业技术学院	酒店管理
56		广州番禺职业技术学院	旅游管理
57		深圳职业技术学院	旅游管理
58	广西壮族自治区	桂林市旅游职业中等专业学校	高星级饭店运营与管理
59		南宁市第一职业技术学校	高星级饭店运营与管理
60		南宁职业技术学院	酒店管理
61	海南省	海南省海口旅游职业学校	高星级饭店运营与管理
62		海南省旅游学校	导游服务
63		海南职业技术学院	旅游管理
64	重庆市	重庆市旅游学校	高星级饭店运营与管理
65	四川省	成都职业技术学院	酒店管理
66		绵阳职业技术学院	旅游管理
67	贵州省	赤水市中等职业学校	高星级饭店运营与管理
68		黔东南民族职业技术学院	旅游管理
69	云南省	云南旅游职业学院	导游
70	陕西省	陕西省旅游学校	高星级饭店运营与管理
71		陕西职业技术学院	旅游管理

续 表

序号	省（市、区）	学校	专业
72	新疆维吾尔自治区	阜康市职业中等专业学校	旅游服务与管理
73		乌鲁木齐职业大学	会展策划与管理

近年来，我国旅游职业教育院校的数量呈现出总体稳定上升的特点，尤其是旅游高职院校越来越多。据有关数据统计，截至2020年底，我国开设高职高专旅游类专业的院校共1252所。高职旅游教育的招生方式灵活多样，办学条件也稳步上升，无论是硬件还是软件设施均呈现出良好的发展趋势。

三、高职旅游教育的特点

纵观我国高职旅游教育的发展，呈现出以下显著特点。

（一）我国高职旅游教育的发展与我国旅游业发展趋势存在一致性

我国高职旅游教育是伴随着我国旅游业的发展而兴起和逐渐发展壮大的。

中华人民共和国成立后，为我国旅游业的发展提供了制度保障和良好的政策环境。中华人民共和国成立初期，我国面临着百业待兴的局面，这一时期我国的旅游业主要以接待国际友好人士和海外华侨及其眷属为主。1954年，中国国际旅行总社在北京成立，并在上海、天津、沈阳、南京、杭州、广州、南宁、汉口、哈尔滨、安东、满洲里、大连等12个城市设立了分社。这一时期，中国国际旅行社的主要任务是为来华外宾提供食、住、行等事务服务，并承办政府各单位及群众团体有关外宾事务招待等事项，发售国际联运火车、飞机客票等。

1957年，我国成立了华侨旅行服务总社，并于1974年加用中国旅行社名称。

从总体上来看，改革开放前，我国的旅游业还处于起步阶段，虽然获得了一定的发展，建立了全国性的旅游接待专门机构和管理机构，接待人数呈现出增长趋势，然而大规模的旅游业尚未兴起。

与改革开放前我国旅游业的发展相适应，这一时期，我国旅游人才的培养也以内部培训为主，尚未形成规模性的旅游教育。

改革开放后，我国旅游业取得了持续和快速的发展。从发展阶段看，改革开放后至今，我国旅游业的发展可以划分为四个阶段。

1.1979—1991 年

改革开放后，我国有关部门为了促进旅游业的发展，发布了一系列政策。例如，1981 年，我国第一次全国旅游工作会议上发布的《关于加强旅游工作的决定》，该文件中明确了旅游经济事业的未来发展方向，对我国旅游事业的管理进行了一系列改革。

1985 年，国务院批转了国家旅游局拟定的《关于当前旅游体制改革几个问题的报告》，对管理管理体制进行了改革，为旅游业的发展奠定了政策基础。

纵观改革开放后至 20 世纪 80 年代末，我国旅游业的发展，主要表现在由以政治服务为主，朝着以创汇为主转变。此时我国的旅游市场仍然以入境旅游为主，出境旅游与国内旅游的规模相对较小，且这一时期的旅游产品和服务正处于逐渐丰富之中。

与这一时期旅游业的发展相适应，我国出现了两所高职旅游学校，即上海旅游专科学校和桂林旅游高等专科学校，培养旅游行业急需的人才。

2.1992—2001 年

进入 20 世纪 90 年代后，旅游业作为第三产业获得了进一步发展，逐渐形成了入境旅游、出境旅游和国内旅游三大旅游市场，伴随着三大旅游市场的完善，我国旅游接待设施不断完善，旅游产品也逐步丰富，旅游相关的行业管理和标准化也逐步规范。

这一时期，伴随着旅游业的快速发展，我国旅游教育也获得了进一步发展，办学层次逐渐多样，高职旅游院校越来越多。

3. 2002—2012 年

进入 21 世纪后，伴随着社会主义市场经济体制的建立和完善，我国旅游业的增长速度越来越快，旅游业逐渐发展成为我国经济的战略性支柱产业。这一时期我国对旅游业发展的支持力度更大，出台了一系列支持和推动旅游业发展的政策，包括《国务院关于进一步加快旅游业发展的通知》《中国旅游业发展"十一五"规划纲要》《国务院关于加快发展旅游业的意见》等。这些政策极大地促进了我国旅游业的发展，推动了入境旅游、出境旅游和国内旅游三大旅游市场的全面繁荣。这一时期，为了满足旅游者的多样化需求，旅游产品也日益丰富，旅游产品的数量不断增长，生态旅游、红色旅游、乡村旅游等旅游新业态获得了全面培育和发展。

为了适应旅游业的发展，我国高职教育也呈现出一派繁荣景象，旅游中职院校纷纷升级为高职院校，新建旅游高职院校和非专门旅游高职院校中设立高职旅游专业的院校越来越多。

4.2013 年至今

2013 年以来，伴随着中国特色社会主义市场经济的日益深化，我国经济从高速增长转向高质量发展。此外，2013 年《中华人民共和国旅游法》等法律法规的颁布，我国旅游业的发展进入了新的阶段。一方面，三大旅游业发展持续强劲，另一方面，伴随着旅游市场的多元化、个性化的需求，旅游新业态不断涌现，出现了自驾车房车旅游、游轮旅游、研学旅游、老年旅游、养生旅游等旅游产品新业态，此外，旅游 + 互联网、旅游 + 文化、旅游 + 医疗、旅游 + 娱乐等各类主题的旅游也越来越丰富。而旅游新业态的不断涌现，又促进了旅游相关产业的融合深入发展，同样推动了高职旅游教育步入新的阶段。

这一时期，我国职业教育体系不断完善为旅游职业教育的发展提供了坚强的保障。旅游职业教育的办学条件稳步上升，旅游高职院校的教学仪器设备、实习实训场所等教学资源投入不断增加，实习实训条件显著提高，师资队伍建设力度不断增强、产学研合作日益加深，教师、教材和教学方法改革不断推进，旅游创新创业教育水平不断提升等，这些均推动着我国旅游教育的发展。

（二）高职旅游教育的专业建设具有切合时代发展的特点

高职旅游教育是为我国旅游业的发展培养人才的教育，高职旅游教育的专业是为了适应旅游业的发展而设置的，因此，具有切合时代发展的特点。

改革开放初期，我国高职旅游教育所设置的专业主要是旅游翻译、酒店服务等，现阶段伴随着我国旅游产业的不断发展与成熟，我国高职旅游教育已形成了较为全面的专业体系。《职业教育专业目录（2021 年）》显示，旅游大类中包含旅游类和餐饮类两大类。旅游类中包含旅游管理、导游、旅行社经营与管理、定制旅行管理与服务、研学旅行管理与服务、酒店管理与数字化运营、民宿管理与运营、葡萄酒文化与营销、茶艺与茶文化、智慧景区开发与管理、智慧旅游技术应用、会展策划与管理、休闲服务与管理；餐饮类中包含餐饮智能管理、烹饪工艺与营养、中西面点工艺、西式烹饪工艺、营养配餐等 18 个专业。

其中，定制旅行管理与服务、研学旅行管理与服务等专业是伴随着我国近年来的个性化旅游的兴起而设置的专业；而智慧景区开发与管理、智慧旅游技术应用等专业则是伴随着智慧旅游的兴起而设置的。

综上所述，高职旅游教育是伴随着我国旅游业的发展而兴起的，具有与旅游业发展趋势保持一致和专业建设切合时代发展的特点。

第三节　新时代高职旅游专业建设的机遇和挑战

旅游行业是一项涉及各个领域和行业的综合性行业，也是为旅游者提供食、住、行、游、购等一体化消费的系统社会工程。新时代高职旅游专业的发展面临着一系列新的机遇和挑战。本节主要对此进行详细分析。

一、新时代高职旅游专业建设面临的机遇

新时代高职旅游专业发展面临的机遇主要表现在政策、经济、科技的发展，职业教育的发展的背景以及智慧旅游和私人定制旅游的兴起与发展等方面。

（一）世界经济全球化和区域经济一体化的趋势

1. 世界经济全球化

经济全球化一词出现于20世纪80年代，20世纪90年代这一概念得到了国际社会的广泛认可。所谓经济全球化是指，商品、劳务、技术、资金等生产要素在全球范围内流动和配置，从而使各国经济相互依赖程度日益加深的趋势。

第二次世界大战以来，科技进步极大地促进了全球生产力的发展，为经济全球化奠定了坚实的基础。尤其是20世纪70年代以来，信息技术革命不仅加快了信息传递速度，也极大地降低了信息传递成本，有效打破了不同国家和地域之间的空间地理界线，将全世界以信息技术连接起来，迅速推进了经济全球化的发展。经济全球化为跨国公司提供了扩

张的机会，跨国公司在全球范围内建立了适宜企业发展的组织形式，极大地推动了生产要素在全球范围内的合理流动，推动了经济全球化发展的进程。除此之外，20世纪90年代，中国等一批传统的计划经济国家向市场化经济改革迈进。发达国家也在这一时期，加强了市场机制的自发调节作用。20世纪90年代中期，随着世界经济贸易组织的形成，国际的交流与合作更加开放，为经济全球化的发展提供了适宜的体制环境和政策条件。

自20世纪90年代以来，经济全球化以科技革命和信息技术为先导，实现了生产全球化、贸易全球化以及资本全球化。[①]经济全球化涵盖了包括生产、贸易、金融以及投资等各个领域，具体表现在国际分工从垂直分工向水平分工发展，世界各国之间的贸易量急遽增加，多边贸易开始形成并迅速发展，国际资本流动达到空前发展规模，跨国公司在国际贸易和世界经济中所产生的影响越来越显著，与此同时，国际组织、区域组织对于经济的干预越来越强。这些都推进了经济全球化的飞速发展。

进入21世纪以来，经济全球化的发展进程更快。近年来尽管受到种种因素的影响，经济全球化的发展开始趋于缓慢，然而，经济全球化依然呈现出不可阻挡的趋势。

2. 区域经济一体化

区域经济一体化亦称"区域经济集团化"。同一地区的两个或两个以上国家逐步让渡部分甚至全部经济主权，采取共同的经济政策并形成排他性的经济集团的过程。其组织形式按一体化程度由低到高排列，包括优惠贸易安排、自由贸易区、关税同盟、共同市场、经济联盟和完全的经济一体化。

① 杨道衡．当前我国上市公司财务综合分析研究：基于国际化视角[M]．长春：东北师范大学出版社，2018：30.

自20世纪90年代以来，区域经济一体化组织如雨后春笋般地在全球涌现，形成了一股强劲的新浪潮，出现了大量跨洲、跨洋合作的区域组织。进入21世纪后，世界各国、各地区掀起了新一轮发展，呈现出合作之深入、内容之广泛、机制之灵活、形式之多样的特点。

经济全球化和区域经济一体化极大地推动了世界各国和各地区之间的经济联系，为我国入境旅游和出境旅游奠定了良好的发展基础；同时也间接促进了我国高职旅游教育的发展。

（二）全球职业教育的规模不断扩大

近年来，伴随着科学技术的新发展，以新技术发展作为依托的职业教育人才培养呈现出新的发展趋势。艾瑞咨询2022年7月发布的《2022年全球职业教育行业发展报告》显示，在全球职业教育发展宏观背景向好的大环境下，预计2026年全球职业教育市场规模将超过8000亿美元。

而职业教育市场的发展与地区经济的发展息息相关，从总体上来看，经济水平较为发达的地区，职业教育的参与率与高中入学率均相对较高。东亚地区，近年来的经济发展获得了显著提升，能够为职业教育的发展起到较大的推动作用。

除此之外，近年来，伴随着工业化、信息化浪潮的影响，全球的产业格局呈现出不断发展与变化的趋势，而与全球产业格局息息相关的产业人才，必须不断持续精进自身才能更加适应产业环境的变化，这些均为全球职业教育的发展奠定了良好的基础。

全球职业教育规模的不断扩大，促使世界范围内的各个国家更加重视职业教育的发展，以及高级职业技术人才的培养。以亚太地区为例，近年来，伴随着世界制造业向中国和东南亚等亚太地区转移，亚太地区的职业教育对工业人才的技能培训和信息化人才的补充，以及推动工业生产各环节效率的提升的效果更加明显。

全球职业教育规模的不断扩大，还促使职业教育在全球经济发展和产业结构转型中的作用越来越鲜明。尤其是伴随着全球老龄化社会的到来，以及全球化人口拐点的到来，未来的市场面临着较大的结构性用工人才短缺现象，而职业教育在提升劳动生产率与实现劳动力资源有效配置方面起着极其关键的作用，能够不断推动社会生产率的提升。

我国职业教育在全球职业教育不断发展的基础上也获得了快速发展，尤其是进入21世纪后，我国职业教育进入突飞猛进的发展期。2019年，国务院印发了《国务院关于印发〈国家职业教育改革实施方案〉的通知》。该文件强调到2022年，职业院校教学条件基本达标，一大批普通本科高等学校向应用型转变，建设50所高水平高等职业学校和150个骨干专业（群），同时建成覆盖大部分行业领域、具有国际先进水平的中国职业教育标准体系。

2022年，中共中央办公厅、国务院办公厅印发了《关于深化现代职业教育体系建设改革的意见》，其中指出有序有效推进现代职业教育体系建设改革，切实提高职业教育的质量。这些政策均为我国职业教育的发展指明了方向。

我国职业教育的发展为我国高职旅游教育的进一步发展创造了良好的历史机遇。

（三）中国职业教育市场政策环境不断优化

职业教育的发展离不开世界各国政府与国际机构自上而下的推行，近年来，我国政府对职业教育的发展更加重视。尤其是进入“十四五”时期后，教育部先后发布了多个文件，对职业教育的发展提出了新的要求。以教育部2022年发布的《关于2022年职业教育重点工作介绍》为例，该文件提出了2022年度职业教育发展的两大任务。

其一，提高质量。改革开放后，我国职业教育的发展按照发展时间线可归纳为20世纪80年代、20世纪90年代和21世纪三个阶段。其中，

20 世纪 80 年代属于中等职业教育的恢复与发展阶段；20 世纪 90 年代的职业教育发展则属于规模稳定初建队伍；21 世纪我国现代职业教育体系基本构建完成，进入全面深化阶段。为了推动职业教育的发展，提升职业教育的质量，我国有关部门提出了不断提升职业教育质量，把握好现代职业教育的质量关，推动现代职业教育高质量发展，切实提升职业教育质量的工作任务。

其二，提升形象。这里的形象，主要指职业教育综合发展的外在显示。中国职业教育市场全面提升教育质量的同时，应当在不断提升职业教育质量的基础上，不断提升职业教育的形象，逐渐改变社会上关于职业教育的刻板印象，增强职业教育的社会吸引力，树立良好的职业教育口碑。

在两大任务的基础之上，《“十四五”职业技能培训规划》中还提出了职业技能培训的四个主要目标和五个重点任务，强调要通过不断健全完善纵深职业技能培训体系、提升培训供给能力、提高职业技能培训质量、加强职业技能培训标准化建设和完善技能人才的职业发展道路等五个重点方面，加强对创新型、应用型、技能型人才的培养。

党的十九大以来，国务院等部门相继出台了多个文件推动我国职业教育的进一步发展。其中包括《国家职业教育改革实施方案》《职业教育提质培优行动计划（2020—2023）》《关于推动现代职业教育高质量发展的意见》等，这些文件不仅明确了我国职业教育改革的目标，为职业教育未来的发展指明了方向，而且明确了职业教育改革的措施。

此外，2022 年 4 月，教育部重新修订了《中华人民共和国职业教育法》，以法律形式明确了职业教育与普通教育的平等地位，提出了建立职业教育国家“学分银行”的政策，通过学学习成果融通和互认的方法，从法律层面畅通了职校学生的发展通道。

《中华人民共和国职业教育法》的修订进一步推动了真正懂技术和懂

市场需求的教师走进高职课程，为高职教育质量的提升奠定了重要基础，同时也为高职旅游教育的持续改革与发展奠定了基础。

（四）数字化技术的快速发展

近年来，以人工智能、大数据、云计算、区块链、物联网、5G 技术等为代表的新技术驱动人类社会快速进入以数字化应用为基础的智能时代。而数字化技术的快速发展也推动了智慧旅游的兴起和发展。

智慧旅游倡导以旅游消费者为中心，借助云计算、物联网、高速通信技术等信息高科技不断提升旅游服务质量，改革旅游服务方式，培养旅游消费者消费习惯，不断提升旅游消费者的旅游体验。

20 世纪 50 年代，信息技术开始在西方发达国家崛起并逐渐应用到民生领域。1959 年美利坚航空公司与 IBM 公司联合开发了计算机航空定位系统标志着国外旅游信息化的起源。我国的信息技术发展与西方发达国家相比，起步稍晚，然而发展速度较快。

20 世纪 80 年代，信息技术在全球范围的发展，引发了全球性产业革命，推动了各个产业领域的信息化发展。我国的信息技术也获得了较快发展。20 世纪 80 年代，随着信息技术渗透到我国的旅游行业，我国的旅游信息化应运而生，推动我国旅游发展步入智慧旅游的信息化阶段。1981 年，中国国际旅行社率先引进了美国 PRIME550 超级小型计算机系统用于旅行社内部的旅游团数据处理、财务管理以及数据统计等领域，标志着我国旅行社信息化的诞生，也标志着我国旅游信息化的开端。[①]1982 年，浙江省计算机所成功研发了中国第一套酒店管理系统的前台软件 (Property Management System，PMS），该软件于 1984 年投入杭州饭店试用，拉开了我国酒店业自主研发酒店信息管理系统的先河。之后，信息科技在旅游相关行业中的应用越来越广泛。

① 吴国清，申军波．智慧旅游发展与管理 [M]. 上海：上海人民出版社，2017：11.

21 世纪前后，随着我国信息科技发展步入快车道，我国旅游信息化获得了较快发展。2000 年 6 月，中国开通了“青旅在线”，这是中国青年旅行社的电子商务网站，是我国较早开设的旅行类专门电子商务网站。2002 年，我国正式开始实施旅游业信息化系统工程——金旅工程。金旅工程的实施加快了我国旅游信息化建设，推动我国智慧旅游进入旅游数字化阶段。

2004 年，中华人民共和国建设部（今中华人民共和国住房和城乡建设部，以下简称建设部）提出了“数字景区”示范工程战略，标志着我国正式进入智慧旅游的数字化阶段。

2004 年，建设部推荐黄山风景区和九寨沟风景区纳入国家“十五”科技攻关计划重点项目“城市规划、建设、管理与服务 数字化工程”课题之中，并将其作为该课题的子课题“数字景区示范工程”的重点，正式开启了我国景区旅游信息化与数字化发展。2006 年，建设部将黄山、九寨沟等 24 个风景区纳入我国首批国家级风景名胜区数字化试点单位。2010 年，为了进一步加快我国旅游景区的信息化建设，中华人民共和国住房和城乡建设部发布了《住房和城乡建设部关于国家级风景名胜区数字化景区建设工作的指导意见》，为推动旅游景区的数字化建设奠定了政策基础，进一步加快了我国旅游景区的数字化发展。

除了旅游风景区的数字化建设之外，这一时期，旅游相关行业和领域的数字化建设也取得了较快发展。2006 年 11 月，北京贵宾楼大饭店与清华同方建立了合作关系，清华同方开始为北京贵宾楼大饭店提供客房宽带互联网和互动电视服务。这一事件极大地推动了我国酒店管理和酒店经营的信息化建设。2008 年，安美数字服务集团成立，该公司致力为我国酒店行业提供数字化服务解决方案，专业数字服务商的出现为我国酒店行业数字化快速发展奠定了基础。智慧旅游的数字化阶段建立在旅游及相关行业网络化的基础之上，在旅游业的信息化和智慧化发展中起着重要的承上启下的作用。

自2008年，我国“智慧旅游”概念提出后，我国智慧旅游正式进入智慧化阶段。2010年，江苏省镇江市率先在全国范围内提出了“智慧旅游”的概念，推动我国智慧旅游进入全新阶段。

近年来，随着我国云计算、物联网、大数据等信息技术的发展，我国智慧旅游进入快速发展区，“智慧景区”“智慧酒店”“智慧旅行社”的发展理念层出不穷，推动我国智慧旅游进入新的阶段。

智慧旅游的建设与发展推动着我国旅游业从传统服务业朝着现代服务业转变。智慧旅游建设中的智慧旅游示范城市、产业园区、示范企业的建设，能够推动我国智慧旅游装备的制造、开发智慧旅游应用软件、创新智慧旅游产品与服务等，以不断提升我国旅游行业的科技含量，不断增强我国旅游创新能力，从而使使我国旅游业从传统的服务业朝着知识密集型和高信息含量的现代服务业转变。

智慧旅游还推动着旅游产业的交叉与融合，旅游活动本身是一个综合性和服务性较强的活动，智慧旅游在互联网信息技术的影响下，进一步加深了旅游行业与交通行业、通信行业、游戏行业等领域的交叉与融合，具有较强的关联性、带动性特点，在引领世界旅游发展潮流的同时，进一步推动了相关行业的融合发展，催生了共享单车、虚拟旅游体验等多种新业态，而这些新业态的出现反过来进一步推动了智慧旅游的发展。

智慧旅游借助信息科技终端设备和工具，为旅游消费者提供优质旅游体验。智慧旅游打破了以往以旅行社组织为主的团体旅游方式，更加注重旅游者的个性化需求。智慧旅游的兴起和发展为高职旅游教育人才培养提供了新的方向，同时也是推动高职旅游教育改革和发展的机遇之一。

二、新时代高职旅游专业建设面临的挑战

新时代高职旅游专业发展面临着良好发展机遇的同时，也面临着一定的挑战，具体表现在以下几个方面。

（一）高职旅游专业的定位面临着挑战

专业定位是专业设置的目的所在，也是该专业人才培养的目标的关键，明确专业定位是制定人才培养方案的基本依据，是教学活动的指导方针。当前我国高职旅游专业的定位面临着一定的挑战，主要表现在中职教育、高职专科和本科教育等不同教育层次之间的界限定位存在一定模糊，不同层次旅游人才的培养模式和课程体系设置等较为相似。高职院校的旅游专业建设的特色不明显。

以教育部发布的《职业教育专业目录（2021 年）》为例。

《职业教育专业目录（2021 年）》将旅游大类划分为旅游类和餐饮类两大类（表 1–5）。

表 1-5 《职业教育专业目录（2021 年）》高等职业教育专科和本科专业对比一览表

专业类别		专业代码	专业名称
高等职业教育专科专业旅游大类	旅游类	540101	旅游管理
		540102	导游
		540103	旅行社经营与管理
		540104	定制旅行管理与服务
		540105	研学旅行管理与服务
		540106	酒店管理与数字化运营
		540107	民宿管理与运营
		540108	葡萄酒文化与营销
		540109	茶艺与茶文化
		540110	智慧景区开发与管理
		540111	智慧旅游技术应用
		540112	会展策划与管理
		540113	休闲服务与管理
	餐饮类	54010201	餐饮智能管理
		54010202	烹饪工艺与营养
		54010203	中西面点工艺
		54010204	西式烹饪工艺
		54010205	营养配餐
高等职业教育本科专业旅游大类	旅游类	340101	旅游管理
		340101	酒店管理
		340101	旅游规划与设计
	餐饮类	340201	烹饪与餐饮管理

从表 1–5 中可以看出中职教育以及高职教育的专科和本科专业中均存在旅游管理、酒店管理、旅游规划与设计、烹饪、餐饮管理等相关专业，这些专业的专业定位之间的差异性并不十分明显。

例如，大连某旅游学校的旅游服务与管理专业的培养目标是面向旅行社、旅游景区景点、会展等旅游企业，培养从事导游服务、计划调度、旅游营销、旅游接待、旅行社经营与管理、景区景点讲解服务与管理、会展服务与管理等工作的高素质劳动者和技能型人才。该专业的课程设置包括公共基础课和技能课程。其中，公共基础课包括思想政治（职业生涯规划、职业道德与法律、经济政治与社会、哲学与人生）、语文、数学、英语、信息技术、体育与健康、历史、音乐，以及中华优秀传统文化、心理健康、职业素养、礼节礼仪课程。专业技能课包括专业核心课（导游实务、中国旅游地理、全国导游基础知识、政策与法律法规、地方导游基础知识、形体训练、餐饮服务与管理、旅游心理学）、专业（技能）方向课（大连导游、辽宁风景名胜）、专业选修课（日语、韩语、茶艺、高级办公自动化、图形图像处理）和实践教学。实践教学是专业技能课教学的重要内容，包含认识实习、跟岗实习、顶岗实习等多种形式。

上海某高职旅游学校的旅游管理专科专业的培养目标为培养德、智、体、美等方面全面发展，掌握旅游管理的基本理论知识和专业技能，具有较强的外语水平及信息管理操作能力，能在各级旅游管理部门和各类旅游会展企业中从事管理和具体业务工作，并具备较强的人际沟通能力和创新能力，能适应旅游新业态发展需要的中高级应用型专门人才。专业核心课程包括旅游概论、旅游心理学、旅行社经营管理、旅游市场营销、旅游英语、旅游文学、旅行社计调、导游业务、导游基础知识、旅游职业素养、旅游政策与法规、客户关系管理、旅游电子商务、销售技巧、现场导游等。该专业人才的就业方向为各级旅游行政管理部门、各类旅游企业（国际旅行社、旅游景区、在线旅游企业）等。

广西某高职院校的旅游管理本科专业目标是着力培养学生进行休闲旅游、健康养生旅游、运动体验旅游项目的设计、开发、运营所必备的知识、素养和能力，使毕业生成为具有现代旅游管理理论、良好的人文素养、国际化视野、创新意识、创业精神、实践能力和社会责任，能够胜任旅游产业融合发展需要的各类旅游企事业单位及其相关机构的应用型、复合型管理人才。该专业的主干课程包括旅游学概论、旅游礼仪、旅游研究方法、旅游心理学、旅游财务管理、旅游地理学、旅游市场营销、旅游文化、旅游消费者行为学、专业英语、酒店管理、旅行社经营管理、旅游规划与开发等。该专业毕业生可在各级旅游行政管理部门，酒店、度假区、邮轮、旅行社、景区等各类线上线下旅游企业，高尔夫俱乐部等旅游休闲养生企业，从事规划、策划、运营、营销、管理等工作，也可继续深造。

以上三个不同院校不同层次的旅游管理专业的培养方向、核心课程和就业方向均存在一定的重叠，反映了我国高职旅游专业建设面临着专业层次细分不到位等挑战。

（二）高职旅游专业设置与产业发展的契合度面临着挑战

专业是根据知识分类所形成的教学组织模式，专业是为学科承担人才培养的职能而设置的。高职专业设置是高职教育部门根据科学分工和产业结构的需要所设置的学业门类，是人才培养模式的重要标志，它规定着专业的划分及名称，反映培养人才的业务规格和工作方向，直接影响着招生、培养、学位授予、就业和教育质量评估等方面。

高职教育的专业设置受政策、社会产业发展以及高职院校自身特点的影响。

社会产业发展与产业结构是决定经济增长方式的重要因素，是衡量经济发展水平和体现国民经济整体素质的重要标志。纵观人类历史的发展，每一次产业革命均会引发社会产业发展和社会产业结构的变迁，推动经济的巨大发展（表 1–6 ）。

表 1–6　社会产业发展与产业结构关系一览表

产业革命阶段	行业影响	所需人才
以蒸汽机、冶金炼钢为代表技术的第一次产业革命	出现了以蒸汽机为动力的近代工厂	降低对人的力量、技术的要求，扩大了就业人群的范围，出现了童工
以电力、内燃机、汽车发明和铁路大发展为代表技术的第二次产业革命	出现了以电力、内燃机为动力的汽车、火车和铁路	对劳动力的体力要求进一步下降，大量女性参与社会生产，知识工人成为就业代表人群
以原子能、计算机技术为主要科技成果的第三次产业革命	出现了以原子能作为能源的各项产业，以及计算机相关产业	知识技能成为就业的重要门槛
以大数据技术、AI 技术等为主要技术成果的数字经济时代	出现了以大数据技术、AI 技术等作为支撑的数字企业和专业	掌握特定专业技能、具备机器智能无法取代的人际交互、创造性等素质的就业人群成为社会亟须的人才

改革开放后，为了适应我国经济的发展，我国有关部门开始对社会产业结构进行调整。进入 21 世纪后，伴随着国内外社会经济的新发展，我国产业结构调整进入新的阶段。2016 年以来，伴随着中国经济发展方式的改变，我国产业结构调整又迈入了新的阶段，进入深度调整和深化改革阶段。

伴随着我国社会产业结构的调整与升级，我国经济的增长方式发生了较大变化，人力资源作为社会主要资源，在社会经济发展过程中的比重越来越大，地位愈加突出。

高职旅游教育作为高等教育的组成部分，担负着为社会培养人才的重任，应当伴随着产业结构的调整与升级进行旅游专业调整。近年来，我国高职旅游教育的相关专业已然进行了一定的调整。

以 2021 年教育部发布的《职业教育专业目录（2021 年）》为例，职业教育专业目录新旧旅游专业对照一览表（表 1-7）如下。

表 1-7 职业教育专业目录新旧旅游专业对照一览表

专业类别	专业名称	原专业名称	调整情况
高等职业教育专科新旧专业对照——旅游大类	旅游管理	旅游管理	保留
	导游	导游	保留
	旅行社经营与管理	旅行社经营管理	更名
	定制旅行管理与服务		新增
	研学旅行管理与服务	研学旅行管理与服务	保留
	酒店管理与数字化运营	酒店管理	更名
	民宿管理与运营		新增
	葡萄酒文化与营销	葡萄酒营销与服务	更名
	茶艺与茶文化	茶艺与茶叶营销	归属调整、更名
	智慧景区开发与管理	景区开发与管理	更名
	智慧旅游技术应用		新增
	会展策划与管理	会展策划与管理	归属调整
	休闲服务与管理	休闲服务与管理	保留
	餐饮智能管理	餐饮管理	更名
	烹饪工艺与营养	烹调工艺与营养	更名
	中西面点工艺	中西面点工艺	保留
	西式烹饪工艺	西餐工艺	更名
	营养配餐	营养配餐	保留

续　表

专业类别	专业名称	原专业名称	调整情况
高等职业教育本科新旧专业对照——旅游大类	旅游管理	旅游管理	保留
	酒店管理	酒店管理	保留
	旅游规划与设计		新增
	烹饪与餐饮管理		新增

从表1–7中可以看出，高等职业教育专科和本科旅游大类中新增了许多专业，如高等职业教育专科旅游大类中的定制旅行管理与服务、民宿管理与运营、智慧旅游技术应用，以及更名的专业（酒店管理专业更名为酒店管理与数字化运营专业、景区开发与管理专业更名为智慧景区开发与管理专业、餐饮管理专业更名为餐饮智能管理专业、烹调工艺与营养专业更名为烹饪工艺与营养专业等）。这些专业均契合了智慧旅游产业发展的现状。

除了智慧旅游之外，我国旅游产业还呈现出追求品质化及旅游休闲化、旅游高频化的特点，且近年来由于旅客的需求逐渐增多，旅游类型更加丰富，旅游业与互联网产业、文化产业、养老产业等相融合衍生出了乡村旅游、红色旅游、低空旅游、自驾车旅游、康养旅游、文创旅游等多个新业态。这些旅游新业态对旅游从业人员的知识结构和基本素质提出了更新更高的要求。然而现阶段的高职旅游专业的设置与这些旅游新业态的衔接度尚待提高。部分高职院校的旅游相关专业的方向、人才培养方案依然延续了传统的人才培养方案为酒店、景区、旅行社培养人才，导致高职旅游专业设置相对滞后，无法满足旅游新业态发展的需要。

（三）高职旅游专业的课程体系面临着挑战

课程体系是指同一专业不同课程门类按照门类顺序排列，是教学内容和进程的总和，课程门类排列顺序决定了学生通过学习将获得怎样的知识结构。课程体系是育人活动的指导思想，是培养目标的具体化和依托，它规定了培养目标实施的规划方案，主要由特定的课程观、课程目标、课程内容、课程结构和课程活动方式所组成。

自改革开放以来，我国高职教育已经逐渐摸索出了一套旅游课程体系。新时代，伴随着我国旅游产业发展的新趋势，高职旅游专业的课程体系设计也同样面临着较大挑战。

（四）高职旅游专业的教材建设面临着挑战

教材是教学的中心和关键，也是体现教学内容和教学方法的知识载体，也是深化教育教学改革的重要保障。

高职旅游专业教材是高职旅游专业建设的重要组成部分，也是旅游类专业改革的重点之一。伴随着我国高职旅游教育的不断发展以及旅游业态市场的需求，高职旅游类的新增专业和更名的专业越来越多，即使保留了原有的专业名称，专业教材也需适应旅游新业态和高职旅游类人才培养的新趋势。从这一视角来看，我国高职旅游专业的教材建设面临着一定的挑战。

（五）高职旅游专业的师资队伍面临着挑战

教师是教育教学的主体之一，也是教育教学改革的关键所在。高职旅游专业建设必须以杰出的师资队伍作为保障。而现阶段我国高职旅游类专业的师资队伍存在专任教师较少、学历结构不平衡、双师型教师缺乏等现象，面临着一定的挑战。

（六）高职旅游专业的教学方法面临着挑战

教学方法是教育教学目标实现的必要手段，也是我国教育教学改革的主要内容之一。高职旅游类专业作为一种高职教育，除了理论知识之外，还需要实践技能的培养，而无论是理论知识和实践技能的传授均需要借助一定的教学方法来实现。现阶段我国高职旅游类专业的教学方法存在较强的单一性，从这一视角来看，我国高职旅游类专业的教学方法也面临着一定的挑战。

综上所述，新时代我国高职旅游专业建设既面临着良好的机遇，同时也面临着一定的挑战，对此，应通过改革不断推进我国高职旅游类专业建设。

第二章　“三教”改革背景下高职旅游专业建设的理论基础

第一节　组织行为学理论

组织行为学是综合运用与人有关的各种知识，采用系统分析的方法，专门研究一定组织中人的心理与行为规律的科学。组织行为学理论有利于教育教学活动的展开，在推动高职旅游专业建设中起着重要作用。

一、组织行为学理论概述

组织是人类生存的基本方式，人类具有社会性特征，组织性是社会性的主要特征之一。没有组织就没有社会，借助组织可以将具体的人联系在一起，将个体纳入群体网络之中。

（一）组织行为学理论

了解组织行为学理论首先应当了解组织、行为等概念和特点。

组织也是社会的必要细胞和特殊标志，是人们实现共同目标不可或缺的工具。组织一般拥有明确的目标，该目标是组织成立的主要原因，也是引导组织成员的具体行为，确保组织成员协作一致，达成组织目标的前提。无论何种组织，如果要达到目标，必须拥有相应的资源。此外，组织需要科学地划分部门、划分层次，各部门和各层次均应切实履行其各自的责任、权利和义务。组织是社会的组成部分，任何组织的形成与发展均离不开其周围的社会环境，需要与其所在的环境获得物质、能量和信息的交换，以适应环境的变化。从这一视角来看，组织是具有特定目标、资源与结构，时刻与环境相互作用的开放系统。

根据组织的社会功能可以将组织划分为生产组织、政治组织、整合组织、模型维持组织、教育组织等。

高职院校即属于教育组织。组织行为是指人们在作为组织成员时所表现出的行为。组织行为学，是研究在组织中以及组织与环境相互作用中，人们从事工作的心理活动和行为的反应规律性科学。组织行为学综合运用了心理学、社会学、文化人类学、生理学、生物学，还有经济学、政治学等学科相关的人的行为与理论，来研究一定组织人的行为的知识与理论，来研究人的行为规律。①

组织行为学是伴随着社会组织的发展、演变、管理理论的发展而产生的，是社会组织演变和管理理论发展的必然结果。

组织行为学属于多学科层次相交叉的边缘性学科，是系统地研究人在组织中所表现的行为和态度的学科。组织行为学属于管理学课程，是采用系统分析方法研究人们的心理和行为的一门科学，能够有效调动组织内部个体行为的积极性，提高个体和组织的行为效能。

组织行为具有以下几个特征。即组织行为是组织的整体行为，而非组织成员的个人行为；组织行为的动机是根据组织建立的宗旨而产生的，带有明确的目的性；组织行为的效果具有双重性；组织行为是全体组织成员共同活动的行为；组织行为通过组织成员的个体行为来实现，反过来又影响成员个体行为。除此之外，组织行为还具有组织性、劳动性、协作性、统一性、系统性和整合性等典型特点（表 2–1）。

表 2–1　组织行为的典型特点

特征	隶属	说明
组织性	组织行为的主体特征	共同生产与生活的社会需要是人类社会形成与发展的内在动因，组织行为则正是各类社会资源进行有机组合以满足社会共同生产和共同生活需要的必然产物，各类社会组织形成和发展的运动过程

① 洪雪．人力资源管理和组织行为学的应用研究 [J]. 黑龙江人力资源和社会保障，2022（7）：73–75.

续 表

特征	隶属	说明
劳动性	组织行为的功能特征	进行有组织的社会劳动是组织行为的基本功能，劳动创造了人类，人类生存和发展的根本动力是劳动，而人类的社会劳动是通过各种形式的劳动组织实现的，人类组织起来的根本目的就是在生产和生活的各个领域进行共同的社会劳动
协作性	组织行为的形式特征	如果说自主性是个体劳动的形式特征，那么协作性就是组织劳动必然的形式特征，组织进行共同的社会劳动，就是要采用协作化的形式，把以人力资源为核心的各种生产资源有机地配置、整合在一起，实现集约化、协同化劳动，从而产生“1+ 1 > 2”的效益
统一性	组织行为的体制特征	组织是由不同的个体成员组合而成的，要使不同的个体在组织中形成有机协作的共同行为，就需要有统一的行为体制来确定个体成员的工作关系，约束个体成员的个性差异，以形成统一有效的协作行为，实现组织行为的统一目标
组织行为的结构特征	系统性	组织行为是相关要素围绕着协作劳动的目标、按照统一规范的要求自觉形成的组织化行为，各要素之间和各要素内部相互联系的结构形式必然表现出纵横交织的系统性结构特征，由纵向的系统层次、横向的系统分支综合的系统协调有机合成了组织行为的整体结构
整合性	组织行为的管理特征	组织行为是组织运行中各类因素有机组合以满足社会共同生产和共同生活需要的产物，组织行为的要素要随着社会需要的不断发展而进行不断的整合，以适应社会发展的需要，而实现要素整合的常规机制就是组织管理，组织管理的根本意义就在于协调好各要素之间的内在联系，使各要素在运行过程中有机地结合为一个行为统一体

组织行为学是一门跨学科学问，融合了工程学、系统科学、人类学、管理学、心理学、社会学等多种学科的学术概念、方法等知识，这些知识并不是简单地拼凑在一起，而是具有系统性和完整性的特点，其研究结果均是由科学依据的推理、分析和总结得出的，具有极强的科学性。组织行为学还是一门具有较强实践性和应用性的理论，其在社会实践中具有较强的实用功能。

二、组织行为学对高职旅游专业建设的影响

高职旅游专业建设属于教育范畴，不仅涉及高职院校这一教育主体，还涉及教师、学生等行为主体，包括教师建设、教材建设和教学方法建设，也包括学生的管理与组织等。

学生进入校园后就由单独的个体形成了群体，并由学校根据学生的入学时间和所学专业将学生编入一个个班级，成为稳定班级组织的个体，由学生工作处、班主任、辅导员等担当起管理和服务的责任。高职旅游专业建设不仅涉及高职院校对学生的管理，还涉及有效组织和利用高职院校内外部资源进行人才培养，确保人才培养的效果。

组织行为学理论对高职旅游专业建设的影响主要表现在以下几个方面。

（一）高职旅游专业的教师队伍建设需要以组织行为学理论为指导

师资队伍是专业建设的关键因素。高职旅游专业是培养技术应用型旅游人才的专业，注重培养人才的专业理论技能和实践技能。为了达成这一目标，高职旅游专业的教师队伍也应当掌握最新的行业动态和市场信息，拥有应用型旅游人才的培养方案设计能力和组织能力。相应地，高职院校作为师资队伍的组织者，肩负着不断提升师资队伍整体素养的重任。为了达到这一目的，高职院校应当借助组织行为学理论，有组织、有规划地调动旅游类专业教师的积极性，提升旅游类专业教师的知识、技能和优秀的品德。

（二）高职旅游专业的教学活动需要以组织行为学理论为指导

教学活动是高职旅游专业建设不可或缺的组成部分，教学活动一般由教师组织展开，而教师在组织教学活动时，为了达成既定的教学目标，通常需要借助一定的教学方法来实现。除此之外，教师还应当从学生的认知心理出发组织教学活动。而组织行为学理论可以帮助教师更加科学

地组织教学活动。

综上所述，组织行为学理论是在集众多学科之大成的基础上产生和发展起来的，是管理学、管理心理学和行为科学的新发展，其产生和发展过程始于心理学，在教育领域具有较强的应用性，在高职旅游类专业建设中起着重要作用。

第二节　文化适应理论

旅游行业的运行空间十分广阔，根据区域范围不同可划分为地方性旅游、区域性旅游、全国性旅游、国际旅游等不同类型，这使得旅游活动的形成中常常涉及跨地区、省市，甚至跨国活动等。尤其是21世纪以来，伴随着的世界旅游业的快速发展，跨国旅游业务越来越频繁，为了适应跨国旅游的发展趋势，高职旅游专业学生必须了解并掌握相关的文化适应理论。本节主要对文化适应理论进行详细分析。

一、适应和文化适应

（一）适应

适应，是一个心理学术语，从生物学来说就是一种“适应”，它既是一个过程，也可以是一种状态。①“适应”是个体的一种基本需求，也是个体应当具备的一种基本素质，是主体对环境变化所做出的一种本能的反应。

1. 适应的特点

（1）“适应”是主体对环境变化所做出的一种反应。“适应”是伴随着环境的变化而产生的，在静止的环境中不存在是否“适应”的问题。

① 王倩．心理语言学与外语教学实践[M]. 北京：九州出版社，2017：50.

无论是自然环境还是社会环境均处于不断地变化之中，因此，每个生物时刻都面临着“适应”的问题，从而产生不断“适应”新环境的需要。作为人类的个体更是如此，从这一意义上来看，“适应”是个体的一种基本需求，也是个体应当具备的一种基本素质，是主体对环境变化所做出的一种本能的反应。

（2）“适应”是一种重新建立平衡的动态过程。“适应”是从一个平衡到另一个平衡的过程，是为了达到或恢复主客体之间的平衡而建立的，从这个角度来看，平衡是“适应”的基本目标。由于周围的环境是不断变化的，因此，个体所面临的环境时刻处于变化之中，个体在“适应”环境的同时也在不断地建立新的平衡，而每一种新的平衡都是短暂的、相对的，而不平衡则是长期的、绝对的。而个体也在不断建立新的平衡中逐渐发展。因此，环境的不平衡和矛盾冲突正是个体不断发展的动力，从这一视角来看，“适应”是一个动态的、不断重建新平衡的过程。

（3）“适应”是一个积极能动的过程。“适应”是伴随着环境的变化而不断建立新平衡的过程，其前提是环境的变化。然而，“适应”不是受环境的影响而变化的被动的过程，而是一个充满积极能动的过程。在自然界中，随着周围环境的变化，生物有机体为了与环境变化相协调并使其种类世代生存下去而存在两种变化：一种为顺应，另一种为“适应”。所谓顺应，是指生物为了“适应”环境，单纯地改变自身形态，而使自身更“适应”环境变化的过程，这一过程是遗传行为方式发生变化，是一种被动的过程。然而“适应”，不仅是指生物有机体为了适合环境的变化而产生的顺应，还包括生物有机体对环境进行积极改造，而使自身与环境保持更大的协调性。①

① 徐光兴．跨文化适应的留学生活：中国留学生的心理健康与援助［M］．上海：上海辞书出版社，2000：2.

2. 从心理学角度看适应

（1）自我调整。所谓自我调整，是指社会主体主动改变自己原有的观念、做法与习惯，以适应客观现实的需要。[①]无论是哪一类社会主体在面对社会环境的变化时，均需要对自我的心理进行调整以便适应社会的发展。例如，人类个体在受教育过程中，需要不断适应幼儿园、小学、中学、大学的外在环境，同时也要通过心理的不断调整，以达到适应外在环境变化的目的。

（2）自我扬弃。所谓自我扬弃，是指主体对自己的长处、短处、优点和不足进行全面客观地评估后，保留优点，克服缺点的过程。[②]适应是面对动态的、变化的环境，不断调整自身、改变环境以达到新的平衡的过程。在这一过程中，主体不仅要对自身进行调整，还应在调整的过程中对个体的行为进行扬弃。扬弃过程包括拥有自知之明、学会扬长避短、克服消极适应三个过程。

（3）自我超越。所谓自我超越，顾名思义即超越现有的自我，在适应新环境的同时，建立起新的平衡，实现自我发展和自我超越。自我超越包括三方面的含义，即超越个体的自我、超越以往的自我以及创造理想的自我。

（二）文化适应

文化是人类在长期的历史发展中共同创造并赖以生存的物质与精神存在的总和，是以人和人的精神活动为中心的概念，注重不同民族经历中传承累积凝聚的、共有的、成体系的人文精神。[③]

① 梁凤鸣，何玉洁．大学生思想品德修养[M]. 哈尔滨：哈尔滨工程大学出版社，1995：12.

② 梁凤鸣，何玉洁．大学生思想品德修养[M]. 哈尔滨：哈尔滨工程大学出版社，1995：13.

③ 王培英．跨文化交流[M]. 北京：旅游教育出版社，2007：2.

文化适应一词最初是由人类学家赫斯科维茨于1948年提出的，广义的文化适应，又称为文化涵化、文化融合、文化移入，是指不同文化群体间的相互接触所导致群体及其成员心理上和文化上产生变化的现象和过程。①

文化适应的影响因素主要表现在个体主观的人生观与价值观，以及语言符号系统、非语言符号系统等方面。

二、文化适应理论的提出与发展

20世纪初，美国人类生态学家罗伯特·帕克通过对移民融入主流文化的文化适应过程的观察提出了文化适应的三阶段理论，即接触、融合、同化。之后，许多心理学家和人类学家开始对文化适应进行深入研究。

（一）贝利的理论框架

心理学家约翰·贝利在人类学家的研究基础上进一步指出，文化适应是指两个或两个以上具有不同文化的群体及其成员在相互直接的、持续的接触中所产生的文化和心理双方面的变化过程，发生改变的可能是某一群体及其成员，也可能是接触双方。

文化适应包括群体层面和个体层面两个层面。所谓群体层面的文化适应是指包括社会结构、经济基础、政治组织以及文化习俗等方面的改变；而所谓个体层面的文化适应是指包括认同、价值观、态度和行为能力的改变在内的心理变化以及对于新文化环境的适应。②

约翰·贝利（John W. Berry）于1992年发表《跨文化心理学——理论研究与应用》，其理论结构框架被称为“贝利的理论框架”。

跨文化心理学家约翰·贝利在人类学家的研究基础上进一步指出，

① 张劲梅．心理学视野下西南少数民族大学生的文化适应[M]．昆明：云南人民出版社，2013：5.

② 单波．跨文化传播的问题与可能性[M]．武汉：武汉大学出版社，2010：54.

文化适应是指两个或两个以上具有不同文化的群体及其成员在相互直接的、持续的接触中所产生的文化和心理双方面的变化过程，发生改变的可能是某一群体及其成员，也可能是接触双方。而文化适应也包括群体层面和个体层面两个不同层面。所谓群体层面的文化适应是指包括社会结构、经济基础、政治组织以及文化习俗等方面的改变；而所谓个体层面的文化适应是指包括认同、价值观、态度和行为能力的改变在内的心理变化以及对于新文化环境的适应。①

贝利的理论框架直击经济全球化的核心问题，诠释文化适应过程和结果、分析文化适应的态度和取向、厘清文化适应群体，同时又提出了引人深思的问题：群体和个人在文化交往和变迁中如何自我定位？如何应对这一过程？在两种文化中人们的跨文化策略是什么？个人经历什么样的改变？承受怎样的压力？最终怎样适应？

从非主流种族群体的角度看，当文化适应中的个体既重视保持原有文化，也注重与其他群体进行日常的交往时，他们所采用的策略就是“整合”；当个体不愿意保持他们原来的文化认同，却与其他文化群体有经常性的日常交流时，他们所使用的策略就被定义为“同化”；当这些个体重视自己的原有文化，却希望避免与其他群体进行交流时，就会出现“分离”；最后，当这些个体保持原来文化和其他群体进行交流都不大可能，自己对此也缺乏兴趣时，这时的文化适应策略就是“边缘化”。文化适应策略的大部分研究表明，在四种策略中融合最受青睐，而边缘化最难以接受。与此同时，在特定的社会和环境中，非主流群体和主流群体的相互作用最终产生不同的策略。当主流群体施行熔炉策略时，非主流群体通常会采取同化策略；当主流群体施行种族隔离政策时，非主流群体通常会采取分离策略；当主流群体排外时，非主流群体通常会被

① 单波．跨文化传播的问题与可能性[M]．武汉：武汉大学出版社，2010：54.

边缘化；当主流群体实行文化多元主义策略时，非主流群体通常会采取整合策略。实际上当主流社会对文化多元持开放和包容态度时，非主流群体才能自由地选择并能成功地整合进社会之中，接纳社会的基本价值观。同时也必须准备好去调整国家制度以满足多元社会中不同种族群体的需求。

贝利的理论框架对文化适应理论的研究产生了巨大影响，许多学者在此基础上对文化适应的阶段、文化适应的过程等进行深入研究。

（二）阿德勒的 U 形曲线

1975 年，皮特·阿德勒（Adler Peter）根据 U 形曲线将文化适应扩展为五个阶段，即接触阶段、崩溃阶段、重新整合阶段、自治阶段和独立阶段。之后，D.R. 莱文（D. R. Levine）与 M.B. 阿德尔曼（M. B. Adelman）提出了文化适应的五段论，包括蜜月阶段、文化休克阶段、初步适应阶段、孤独阶段和结合阶段。按照这一五段论，蜜月阶段，则指跨文化个体初次到达一个陌生的环境中，对异国文化环境中的一切都感到新奇，这一阶段大概持续 1 ～ 2 个月，主要集中于与新的领导与同事或老师和同学等见面、落实住宿事宜、到商店购买日常生活用品，同时办理入住手续。在这一过程中，所接触的一切都使跨文化个体心情愉悦，并自觉忽略与本国文化产生冲突的地方。第二阶段是文化休克阶段。这一阶段，跨文化个体的生活、工作和学习逐渐趋于稳定，并开始独立生活，此时，一开始没有预见的一系列问题接踵而来，包括语言、居住、人际关系、购物等种种问题的出现，使跨文化个体经受着严重的心理危机。这一阶段一般会持续 1 ～ 2 个月的时间。第三阶段是初步适应阶段，即跨文化个体经过一段时间的适应，逐渐适应了异国文化，逐渐适应异国语言交流，并形成了大致固定的生活节奏，这一阶段一般持续 3 个月左右。第四阶段是孤独阶段。步入这一阶段时，跨文化个体在国外已生活了大半年时间，随着时间的推移，跨文化个体开始思念家乡，对在异国文化中的适应情况产生灰心、沮丧心理，容易失去信心。第五阶段是结合阶段。这一阶段，跨文化个体的生活和工作通常都已走上正轨，同时适应了异国语言、饮食、社会规范、价值观、风俗习惯等，呈现出融入异国文化的状态。

（三）文化适应的素质模型理论

跨文化适应素质模型理论一般侧重研究为达到文化适应，个体应具备的知识、能力、态度、价值观、特质以及行为方式等能力。[①] 跨文化适应素质模型理论具体又可分为三种模型。

1. 个体特质模型

该模型从个体特质和能力入手，发掘包括商务外派人员、外派教师等在内的特质，从识、能力、态度、价值观、特质以及行为方式等方面对个体的能力进行考察。

2. 适应态度模型

该模型是根据跨文化交际理论家贝里所提出的，个体在经历文化冲突后，一般会形成四种典型的心理适应态度，即文化融合、文化抛弃、文化吸收和文化分离。适应态度模型既关注个体在跨文化适应过程中所属国家文化的身份与特征；同时也关注个体对待异国成员的态度，以及与异国成员的关系。该模型指出，如果个体认为母国文化与异国文化同样重要，那么其所持有的态度即文化整合；如果个体认为两者均无所谓或均不重要，那么其所持有的态度即文化抛弃；如果个体认为保持母国关系的重要性小于与异国文化之间的联系和一致关系，那么个体所持有的态度即文化吸收；相反，如果个体认为保持与母国的关系，以及维持

① 姜秀珍．中国跨国企业外派人员回任管理[M]．上海：华东理工大学出版社，2011：46.

母国主文化中的身份和特征更加重要，那么，个体所持有的态度即文化分离。这四种态度也直接决定了个体的跨文化适应程度。

3. 三维导向模型

该模型建立在门登霍尔（Mendenhall）和奥都（Oddou）提出的文化适应的三维途径，即自我导向、他人导向以及知觉导向的基础上。在三个导向方面表现越佳的旅居者，一般跨文化适应越良好。这里的自我导向，是指在异国文化中的自我保护、自我享受以及心理健康程度。一般来说，自我导向较强的个体在异国文化中能够较顺利地找到母国文化中自己的替代活动，同时也能够较自信地处理在异国文化中遭遇的种种文化冲突与文化紧张状况。这些均有利于提升旅居者在跨文化中的适应性。而他人导向，则是指个体所具有的关心异国同事、老师、同学等人以及愿意与异国同事、老师、同学等花时间沟通的程度与水平。[①] 他人导向强的个体更愿意与当地所在国家的人们进行交流，而这一点有利于提高个体的跨文化适应程度。知觉导向是指个体运用自己的知识和技能分析与判断个体在适应异国文化过程中所产生的举止异常的原因，而这种开放的态度和对事物的客观态度有利于提高个体的跨文化适应程度。

（四）跨文化适应过程理论

从跨文化适应的过程来看，学者提出了文化适应理论和疑虑消除理论。从前文中对于“适应”一词的定义分析可以看出，适应过程是一个动态的、长期的过程，杨芸金从这一过程出发，指出个体的跨文化适应过程也是一个动态的、长期积累的过程，其整个过程呈现为“压力—调整—前进”的循环过程。当个体在跨文化适应过程中感觉到压力时，个体就会对自己的行为和心态进行调整，使自己进入放松状态。之后，个体重新调整认知模式后，尝试新一轮的前进。经过不断地“压力—调

① 庞树奇，范明林．普通社会学理论[M]．上海：上海大学出版社，2011：117.

整—前进”过程，个体最终会达成文化适应的目标。①

疑虑消除理论是由伯杰（Berger）和卡拉布雷斯（Calabrese）提出的，其认为个体为了适应异文化中全新的环境或不同的人际关系，会通过各种渠道和方式寻求信息、消除疑虑，减少不确定性和压力，此过程不断重复进行，最终帮助个体实现跨文化适应。②跨文化适应中存在着三种消除疑虑的策略即被动、主动和互动，而被动策略倾向于置身事外，做异国文化的观察者，同时通过书籍、电影、网络、广播等无互动的方式查询信息，学习异国语言和文化；主动策略则是通过异国文化中的其他人或团体间接获知有关异国文化的信息；而互动策略则是指与异国文化中人进行面对面交流以达到较好的文化适应的目的。

三、文化适应理论对高职旅游专业建设的影响

自20世纪下半叶以来，伴随着经济全球化和区域经济一体化的深化发展，全球旅游业的发展进入发展期。尤其是步入21世纪后，全球旅游市场进一步繁荣。

2000年，伴随着全球经济的强势发展和世界各地纪念新千年系列专题纪念活动的举行，全世界各地的旅游接待人数均创新高，全球各地的国际旅游者接待人次达到6.89亿人次，较1999年增长了7.4%。③之后，除了个别年份之外，全球旅游业进入持续增长态势，根据世界旅游组织发布的数据，2019年，全球接待入境游客15亿人次。④由此可见，进入21世纪的前20年中，全球旅游业获得了快速发展。

---

① 陈凌．文化、民族和跨文化传播交际：跨学科论文选读[M].上海：上海外语教育出版社，2012：355-356.

② 耐普，戴利．人际传播研究手册[M].4版．上海：复旦大学出版社，2015：597.

③ 谈世中．世界经济年鉴：2001年卷[M].北京：经济科学出版社，2001：558.

④ 中国旅游研究院．2019年中国旅游经济运行分析与2020年发展预测[M].北京：中国旅游出版社，2020：109.

对于我国旅游业而言，自进入21世纪以来，我国入境旅游和出境旅游均获得了较大发展。历年的中国入境旅游年度报告显示，自2001年以来，我国入境旅游人数呈现出逐年境长的趋势。2019年，我国入境旅游人数达到1.45亿人次；《中国入境旅游发展年度报告（2022—2023）》显示，2022年，我国入境旅游接待规模超过2000万人次，预计2023年，我国入境游将陆续恢复至2019年的水平。

除了入境旅游之外，出境旅游近年来也是我国旅游业的主要发展方向之一。中国旅游研究院在线发布的《中国出境旅游发展报告2020》显示，2019年，我国的出境旅游市场规模达到1.55亿人次，相比2018年增长了3.3%。出境游在洲际目的地结构占比中，亚洲继续在洲际目的地上占据首位，之后依次为欧洲、美洲、大洋洲、非洲和其他地区。2019年，中国（内地）出境旅游目的地排名前十五位依次为中国澳门、中国香港、越南、泰国、日本、韩国、缅甸、美国、中国台湾、新加坡、马来西亚、俄罗斯、柬埔寨、菲律宾和澳大利亚。

2020年以来，由于疫情等特殊原因，海关总署、国家移民管理局等单位联合发布，建议非必要不参与出入境旅游，减少了人员跨境流动，这对我国入境旅游和出境旅游均产生了一定的影响。2022年中国旅游研究院（文化和旅游部数据中心）发布的《中国出境旅游发展年度报告（2022—2023）》显示，2022年我国出境旅游业务与2021年基本持平的预期下，2020年至2022年我国出境旅游人数累计减少4亿人次，出境旅游发展态势由基本停滞转为低速缓增。尽管如此，出境旅游目的地依然普遍看好中国出境市场前景，持续为市场的未来复苏做准备，出境市场主体也“内转”“外拓”寻求生机，呈现出良好的发展态势。

出境旅游、入境旅游和国内旅游是我国旅游市场的三大支柱，我国出境和入境旅游市场的复苏和繁荣，对我国旅游市场的整体繁荣起着重要的作用。而出境旅游和入境旅游均属于跨文化旅游，无论是入境旅游还是出境旅游的游客均会涉及文化适应。高职旅游类专业所培养的人才毕业后均会涉及为入境旅客或出境旅客服务，以及跨文化学习和工作。因此，高职旅游类专业建设应当将文化适应纳入相关的课程体系，培养旅游类专业人才相关的理论知识和实践应用技能，以帮助毕业生和游客更好地度过文化适应期。从这一视角来看，文化适应理论对高职旅游专业建设起着十分重要的作用，而在高职旅游类专业的师资队伍建设、教材和教法改革中也应当将文化适应理论纳入其中。

第三节 职业生涯发展理论

职业生涯是指一个人一生中所有与工作相关联的行为与活动，以及相关的态度、价值观和愿望等连续性经历的过程。任何高校毕业生的发展均离不开个体的职业生涯发展规划。灵活就业作为数字经济时代高校毕业生的一种就业形势，也受到职业生涯发展规划的影响。职业生涯发展规划的理论基础即职业生涯发展理论。本节主要对职业生涯发展理论及其对高校毕业生灵活就业者的影响进行概述。

一、职业生涯发展理论的演变

职业生涯发展理论在历史上经历了多个阶段的发展。

（一）金斯伯格的职业生涯发展阶段理论

金斯伯格是职业生涯发展理论的先驱和缔造者，金斯伯格对人的童年和青少年阶段职业心理发展过程进行研究，将个体职业心理发展划分为幻想期、尝试期、实用期三个阶段（表 2-2）。

表 2-2　金斯伯格职业发展阶段及特点一览表

心理发展阶段	年龄阶段	职业心理发展特点
幻想期	4 ～ 11 岁	1. 对职业的好奇属于单纯的兴趣爱好与模仿； 2. 几乎不考虑自身条件和能力水平； 3. 无法形成与社会需要相适应的职业动机，属于幻想阶段
尝试期	11 ～ 17 岁	1. 兴趣阶段：认识到社会不同职业之前的差异，对某些职业产生兴趣； 2. 能力阶段：注意社会不同职业对人的能力的要求，能够自觉衡量个体能力与感兴趣的职业之间的差异，自觉进行训练； 3. 价值观阶段：了解社会不同职业之间的社会价值和个人价值的区别，通过价值审视个体的职业兴趣和能力； 4. 综合阶段：能够关注职业的综合信息，初步判定个体职业发展方向
实用期	17 岁以后	1. 试探阶段：对感兴趣的职业方向进行尝试，了解特定职业发展方向和就业机会，为职业生涯做准备； 2. 具体化阶段：个体能够结合自身兴趣、特长以及能力明确和细化职业发展方向； 3. 专业化阶段：个体能够确定职业发展方向，并且以实际行动实践职业规划

从金斯伯格的职业发展阶段划分可以看出个体的职业决策是一个持续发展的过程，是个体自童年至青年时期长期形成的观念。个体的职业选择过程受个体童年、青年时期的个人经验和身心发展的影响。个体最终的职业选择的实现是个体对外界条件与个人综合因素进行分析后做出的决定，是寻求个人喜爱职业与社会提供的机会之间的一种最佳结合。

（二）格林豪斯的职业生涯发展阶段理论

继金斯伯格之后，国外学者对职业生涯发展理论进行了多种视角的研究。其中，美国心理学博士格林豪斯的职业生涯发展理论具有较强的代表性。

格林豪斯的职业生涯发展侧重人生不同年龄阶段职业发展面临的任

务。格林豪斯将个体一生的职业生涯划分为五个阶段。

1. 职业准备阶段

年龄阶段：0 ～ 18 岁。

特征：发展职业想象力，培养职业兴趣和能力，对职业进行评估和选择，接受必需的职业教育和培训。

2. 进入组织阶段

年龄阶段：18 ～ 25 岁。

特征：进入职业生涯，选择一种合适的、较为满意的职业，并在一个理想的组织中获得一个职位。

3. 职业生涯初期

年龄阶段：25 ～ 40 岁。

特征：逐步适应职业工作，融入组织，不断学习职业技能，为未来职业生涯成功做好准备。

4. 职业生涯中期

年龄阶段：40 ～ 55 岁。

特征：努力工作，并力争有所成就。在重新评价职业生涯中强化或转换职业道路。

5. 职业生涯后期

年龄阶段：55 岁直至退休。

特征：继续保持已有的职业成就，成为一名工作指导者，维护自尊，准备引退。

（三）舒伯的生涯发展理论

唐纳德 · E. 舒伯（Donald E.Super）提出人一生的完整生涯发展阶段模式，根据不同年龄阶段，将人生划分为成长、探索、建立、维持和衰退五个阶段[①]（表 2-3）。

表 2-3　舒伯职业生涯发展阶段示意图

阶段	主要特点
成长阶段（0～14 岁）	成长阶段属于认知阶段。在这一阶段，个人通过对家庭成员、朋友以及老师的认同及他们之间的相互作用，逐渐建立起自我的概念。个人对职业经历从好奇、幻想到兴趣，最终到有意识地培养职业能力的逐步成长过程
探索阶段(15～24 岁)	探索阶段属于学习打基础阶段。在这一时期，个人将认真地探索各种可能的职业选择，对自己的天资和能力进行现实性评价，并根据未来的职业选择做出相应的教育决策，完成择业及初期就业
确立阶段(25～44 岁)	确立阶段属于选择、安置阶段。在这一时期，个人经过早期的试探与尝试后，最终确立稳定职业，并谋求发展，获得晋升。这一阶段是大多数人职业生涯周期中的核心部分，是整个人生的高产期
维持阶段(45～64 岁)	维持阶段属于升迁和专业技能娴熟阶段。在这一阶段，大多数人维护已获得的成就和社会地位，不再考虑变化职业
衰退阶段（65 岁以上）	衰退阶段属于退休阶段。在这一阶段，人们逐步退出职业和结束职业，开发更广泛的社会角色，减少权力和责任，适应退休后的生活

（四）施恩的职业生涯发展九阶段论

职业生涯管理学家埃德加·H. 施恩在前人的基础上提出了职业生涯发展的“九阶段论”，将个体一生中的职业生涯划分为 9 个阶段（表 2-4）。

① SUPER D E，OSBORNE W L. Developmetal career assessment and counseling: the cdac model [J]. Journal of counseling & development. 1992, 71（1）: 74-81.

表 2-4　施恩的职业生涯发展九阶段论一览表

阶段	阶段	角色	主要任务
第一阶段（0～21 岁）	成长、幻想	学生、工作申请者	1. 发展和发现自己的需要和兴趣，发展和发现自己的能力和才干，为进行实际的职业选择打好基础； 2. 学习职业方面的知识，寻找现实的角色模式，获取丰富信息，发展和发现自己的价值观、动机和抱负，做出合理的受教育决策，将幼年的职业幻想变为可操作的现实； 3. 接受教育和培训，开发工作世界中所需要的基本习惯和技能
第二阶段（16～25 岁）	进入工作世界	应聘者、新学员	1. 进入劳动力市场，谋取可能成为一种职业基础的第一项工作； 2. 个人和雇主之间达成正式可行的契约，个人成为一个组织或一种职业的成员
第三阶段（16～25 岁）	基础培训	实习生、新手	1. 了解、熟悉组织，接受组织文化，融入工作群体，尽快取得组织成员资格，成为一名有效的成员； 2. 适应日常的操作程序，应对工作
第四阶段（17～30 岁）	早期职业的正式成员资格	新的正式成员	1. 承担责任，成功地履行与第一次工作分配有关的任务； 2. 发展和展示自己的技能和专长，为提升或进入其他领域的横向职业成长打基础； 3. 根据自身才干和价值观，根据组织中的机会和约束，重估当初追求的职业，决定是否更换职业
第五阶段（25～45 岁）	职业中期	正式成员、任职者、终身成员、主管经理	1. 选定一项专业或进入管理部门； 2. 保持技术竞争力，在自己选择的专业或管理领域内继续学习，力争成为一名专家或职业能手； 3. 承担较大责任，巩固自己的地位； 4. 开发个人的长期职业计划
第六阶段（35～45 岁）	职业中期危险阶段	正式成员、任职者、终身成员、主管经理	1. 现实地估计自己的进步、职业抱负及个人前途； 2. 接受现状或者争取看得见的前途； 3. 建立与他人的良师关系

续 表

阶段	阶段	角色	主要任务
第七阶段（45岁至退休）	职业后期	骨干成员、管理者、有效贡献者	1. 成为一名良师，学会发挥影响，指导、指挥别人，对他人承担责任； 2. 扩大、发展、深化技能，或者提高才干，以担负更大范围、更重大的责任； 3. 如果停止前进，则需接受和正视自己影响力和挑战能力的下降的事实
第八阶段（40岁至退休）	衰退和离职阶段	不同的人在不同年龄开始衰退	1. 学会接受权力、责任、地位的下降； 2. 基于竞争力和进取心下降，要学会接受和发展新的角色； 3. 评估自己的职业生涯，着手退休
第九阶段（因人而异）	离开组织或职业——退休	离退休人员	1. 保持一种认同感，适应角色、生活方式和生活标准的急剧变化； 2. 保持一种自我价值观，运用自己积累的经验和智慧，以各种资源角色，对他人进行传帮带

施恩的九阶段理论强调了不同年龄阶段的职业状态、任务，以及职业行为。由于在现实生活中，不同个体之间的职业阶段的年龄存在一定的差异性，因此施恩提出的职业发展九阶段理论的具体职业发展阶段存在一定的交叉性。

二、职业生涯发展理论对高职旅游专业教育的影响

职业生涯发展理论从个体生涯的层面阐释了个体一生的职业发展趋势。从以上四种类型的职业生涯发展理论来看，个体的职业生涯发展贯穿了个体的一生，在不同年龄阶段，个体在生活和工作中所扮演的角色不同。高职旅游类专业培养的人才正处于青年黄金年龄段，是个体一生中职业发展的关键时期。近年来，伴随着我国职业教育的发展，许多高职旅游类专业毕业生在就业时，除了传统就业方式之外，还积极进行自主创业以及灵活就业。

以上海某旅游学校为例。该校2022届毕业生就业质量年度报告显示，该校2022届专科毕业生的总就业率为89.76%；其中协议和合同就业的学生比例为62.63%，选择继续深造的学生比例为18.52%，灵活就业的学生比例为8.61%。而该校2022届本科毕业生的总就业率为90.94%；其中，协议和合同就业的学生比例为54.37%，选择继续深造的学生比例为11.65%，灵活就业的学生比例为24.92%。

由此可见，旅游类专业学生毕业后的个人职业规划不同，所选择的就业出路也不相同。为了使旅游类专业毕业生更加科学地规划未来的职业生涯，许多高职旅游类专业均将职业生涯规划作为必要课程。除了对旅游类专业的学生进行必要的职业生涯规划理论培训之外，许多高职院校还开设了与创新创业相关的课程，或成立相应的创新创业指导中心，为旅游类专业的学生提供更多专业指导。从这一视角来看，职业生涯发展理论在高职旅游专业建设中起着十分重要的作用。

三、协同教育理论及其对高职旅游专业教育的影响

高职教育与普通高等教育相比，其突出的特点为所培养的人才应用性更强。除了学校内部的理论教育之外，高职旅游类专业通常还与企业合作设置实践基地，培养和提升人才的实践技能。因此，协同教育理论在高职旅游专业教育中也起着积极作用。

（一）协同教育理论

协同教育是协同学理论应用于教育领域而形成的教育理论。协同教育理论最早于1996年，由我国学者刘纯姣在《学校家庭协同教育构想》一文中提出。协同教育将人类现代社会的教育划分为三大教育系统，即家庭教育系统、学校教育系统和社会教育系统。不同系统均有其自身的要素与功能，各要素之间相互联系并发生作用，从而产生各自的教育功能，在此基础上产生教育合力，达到良好的教育效果（表2-5）。

表 2-5 协同教育三要素一览表

要素	内涵	作用
家庭教育系统	家长、家庭教育媒体	使家庭、学校、社会三个维度的教育之间的联系更加快捷与便利，引导师生互动朝着灵活、深入的方向发展
学校教育系统	学校教师、学校教育媒体	
社会教育系统	社会教育组织者、社会教育媒体、社会成员	

协同教育理论的原理在于，在现代社会中，人的一生需要经历家庭阶段、学校阶段、社会阶段的教育，这三方面的教育既存在线性联系，有时候又同时存在，具有非线性联系，而家庭、学校和社会三者的协同教育效果才是真正的教育效果。

根据协同教育理论，学校作为专门的人才教育机构，其教育计划和教育决策应当受到家庭教育和社会教育的支持与配合，才能实现学校教育效果的最大化。因此，学校应通过引进社会资源的方式，让家庭和社会参与到学校教育中，推动学校教育目标的实现。

协同教育的三个要素具体又可以划分为协同家庭教育、协同学校教育和协同社会教育三种类型。每一种类型又可细分为多种类型。

协同教育作为现代社会的一种教育模式，具有较强的时代性和发展性特点，伴随着现代教育的发展，协同教育的形式仍在不断创新，推动学生素质朝着全面协调的方向发展。

协同育人理论作为一种育人理念，通过整合课内与课外、校内与校外等教育资源，使各育人主体形成一个综合性育人系统，而协同育人系统能否发挥作用，取决于各育人主体之间能否协同合作。如果协同育人主体不能够协同合作，则会破坏协同育人系统内部的有序结构，致使整个系统失去生机。本节主要对协同育人理论的作用进行分析。

协同教育理论揭示了同一系统之间不同要素之间的相互作用，或不同系统之间的相互作用。协同教育理论为现代社会人们观察事物之间的联系或认识事物的发展提供了系统的视角、联系的视角、自我调节的视角，以及有序发展的视角。

1. 系统的视角

任何事物均是由不同要素构成的，不同要素之间相互联系形成一个个子系统，多个子系统之间相互作用即可形成系统内部协同。系统具有相对独立性，有其自身发展的特点和规律，不同系统在保持独立的基础上，可以相互影响与合作。而系统之间的平等交流与合作，是事物协同发展的基础条件。

2. 联系的视角

联系是协同的前提，不同系统之间只有通过相互联系才能产生互动与交流，也才能发挥系统的非线性作用。系统从无序朝着有序的转化也需要子系统之间发生联系，由此可见，联系是系统协同的基本前提。不同的子系统受时间、环境等因素的影响，子系统之间通过相互作用，彼此反馈，能够促使子系统的发展，而子系统的发展又能够推动整个系统的发展。

3. 自我调节的视角

根据系统协同教育理论，同一系统中的不同子系统在其内部机制的驱动下，系统子系统之间通过相互作用即会自发形成自组织结构。系统的自组织结构能够推动系统从无序逐渐朝着有序的方向发展。系统的自组织运动即起到系统自我调节的作用，通过系统良好的自我调节功能可以有效抑制系统内部的不良因素影响，推动系统不断以螺旋式上升的趋势朝着完善自身的方向发展。

根据协同教育理论，系统内部存在着序参量、控制参量等要素。其中，序参量和控制参量之间存在相互影响的关系。一般而言，控制参量对序参量具有控制和导向的作用，序参量在一定程度也对控制参量产生影响。序参量在控制参量的影响下通过增加或减少某些因素，即可实现自组织，从而调节系统内部状态，使系统内部从低级无序朝着高级有序发展。

4. 有序发展的视角

系统内部子系统之间的相互联系推动了系统的发展，系统内部自系统的自组织性能够通过增加或减少某些因素的影响，从而使系统朝着健康有序的方向发展。

（二）协同教育理论对高职旅游专业建设的影响

高职院校作为社会教育机构，由领导层系统、教学系统、后勤系统等多个子系统构成。在高职院校发展的过程中，高职院校各子系统之间围绕统一的教学目标进行工作。在实现教学目标的过程中，不同子系统相互作用充分发挥其积极性，抑制不利于高职院校目标实现的因素，推动高职院校的教育工作有序展开，并通过各子系统之间的协调达到良好的教育效果。

高职院校旅游类专业建设需要高职院校、旅游企业、地方政府有关部门的共同参与。

以定制旅行管理与服务专业为例。该专业是伴随着近年来个性旅游的兴起而设置的专业，是大众旅游由低端观光团队游迈向高端个性化品质游的产物，是旅游发展新业态。

该专业的主干课程主要包括旅行产品策划与定制、沟通艺术、旅行管家实务、旅行服务质量与安全管理、旅游大数据及应用等，旨在向学生传授从事定制旅行的核心知识与关键技能，为学生从事定制旅行新兴高端岗位铺平道路。该专业的毕业生就业以旅行社和在线旅行服务企业为主，同时也面向研学旅行服务企业、休闲体育企业、节事活动服务企业以及休闲农庄等涉及定制旅行的相关企业。

从定制旅行管理与服务专业的主干课程与毕业生的就业方向可以看出，该专业所培养的人才具有较强的应用性，要求毕业生除了具有旅游相关的理论知识之外，还要具有较强的实践能力，对国内外旅游景点及其旅游服务较为熟悉，才能为游客策划和开发具有特色的旅游路线，满足游客的旅游需求。因此，该专业在进行人才培养时，通常与校外旅行社、旅游机构合作建立实训实习基地。

以上海某高职旅游学校开设的定制旅行管理与服务专业为例。该专业是该校与携程集团合作开设的，校企双方共同开发定制旅行岗位标准、教材及课程，以微专业的形式培养定制旅行岗位人才，成绩合格的学生将获得由校企共同颁发的旅游定制师证书，形成以“岗位对接、标准融入、证书打造”为典型特征的校企协同育人模式，培养学生现在、未来所必须具备的基本素质和专业技术能力。

由此可见，定制旅行管理与服务专业的人才培养通常以校企共同培养为主。除了定制旅行管理与服务专业之外，其他高职旅游专业通常也设置了相应的实习实践基地，培养相关专业人才的知识应用能力。

综上所述，高职旅游类专业建设需要高职院校和旅游企业的共同努力，协同教育理论在高职旅游类专业人才培养中起着十分重要的作用。

[illegible]的相一致。

[illegible]

[illegible]

[illegible]

第三章　“三教”改革背景下高职旅游专业建设

职业教育是培养技术技能型人才、促进就业创业创新、推动中国制造和服务实现高质量发展的重要基础。近年来，伴随着我国产业结构升级、市场需求转变以及社会发展的需要，职业教育面临着改革。在这一背景下高职旅游专业建设也面临着新的发展趋势。

第一节 高职院校“三教”改革的背景

改革开放以来，我国职业教育获得了快速发展，取得了丰硕的成就，为我国经济社会发展提供了有力的人才和智力支撑。伴随着我国进入新的发展阶段，产业升级和经济结构调整不断加快，各行各业对技术技能人才的需求越来越紧迫，职业教育重要地位和作用越来越凸显。本节主要对高职院校“三教”改革的背景进行分析。

一、社会人才培养为高职院校改革提出了新要求

21 世纪是知识经济时代，知识经济以知识和创造力作为基础，要求人才在掌握知识和技术的同时，还应具有较强的综合素质，以便在未来激烈的国际竞争中求得生存与发展。此外，随着互联网信息化通信技术的不断进步，世界高等教育思想观念、体制、结构、内容、形式、方法和技术等各方面均面临着一场较大的革命，使高等教育呈现出鲜明的信息化特征，主要表现为教育思想观念的现代化、教育时间终身化、教育空间网络化、教学交互化、教育内容数字化、教育资源共享化、教育技术智能化、教育个性化、教育国际化等。再者，随着我国高等教育大众化趋势的发展，我国在校大学生人数激增，导致我国高职院校原有的教育教学资源严重不足，高职院校生源的素质差距也越来越明显，推动我国高职院校人才培养朝着更加多元化和多样化的方向发展以满足社会和

市场的不同需求。

科技进步和社会发展所带来的高等教育社会需求的变化，使得我国高等教育人才培养观随之发生了较大变化。高等教育人才培养观，即指导高等教育培养人才活动的、具有方向性的、基本的教育思想观念。高等教育育人观随着时代的变化而发生相应的变化。改革开放以来，我国高等教育人才培养观先后发生了两次转变。第一次转变是从“知识传授”育人观转变为“在满足知识传授的基础上，注重能力培养”；进入21世纪以来，随着世界形势的变化，我国的高等教育育人观又转变为“既要知识传授和能力培养，更重素质内化”的全面素质教育观。全面素质教育观，即不仅注重知识的传授和能力的培养，还应在此基础上促进学生内在身心发展过程，即将知识传授、能力培养和素质内化三者融合为一体的育人观。对于高等教育而言，全面素质教育观是一种从整体上提高学生的综合素质（包括思想道德素质、人文素质、业务素质、心理素质、身体素质），增强学生对社会的适应力的教育观。全面素质教育观的推行，要求我国高职院校培养的人才从强调专业对口，向基础宽厚、知识面广、能力强、综合素质高而转变。

二、打造国家文化软实力为高职教育提出了新要求

世界经济全球化和区域经济一体化的发展，极大地推动了世界范围各地区经济和科技的交流与合作。同时，世界经济全球化和区域经济一体化的发展对世界各国各地区的文化软实力提出了新的要求。

所谓文化软实力是指一个国家或地区基于文化而具有的凝聚力、生命力、创新力和传播力，以及由此而产生的感召力和影响力。一个国家或民族的文化软实力大体包含五个维度，即文化凝聚力、文化生产力、文化传播力、文化保障力、文化吸引力（表3-1）。

表 3-1 文化软实力内涵一览表

维度	作用 / 价值
文化凝聚力	文化软实力的核心维度，能够有效激发国家或民族内部不同社会圈层、不同生活状态群体的力量，从而实现国家或民族的共同愿景
文化生产力	创造文化的内在驱动力，能够直接地反映出一个国家或民族文化软实力的潜在发展力。如果一个国家或民族的文化生产力不高，那么，该国家或民族的文化软实力综合、可持续发展力相对不高
文化传播力	一个国家或民族在输出文化方面的影响力。文化传播力是检验一个国家或民族文化软实力传播效果的重要维度，也是提升文化软实力的重要因素。如果一个国家或民族的文化传播力水平较高，则能够极大提升该国家或民族的文化软实力。相反，如果一个国家或民族的文化传播力水平较低，那么，即使该国家或民族的文化凝聚力较强，也无法在短时间内提高该国文化在世界范围的影响力
文化保障力	一个国家或民族所制定的文化政策、文化资金投入、文化人才培养，等等。确保该国国家文化的安全，使该国文化免受外来国家或民族文化的威胁
文化吸引力	能够衡量一个国家或民族的文化对其他国家或民族人民的吸引力的重要指标。如果一个国家或民族的文化吸引力较高，则其受外国受众的认同度则会相应提升，有利于该国或该民族文化在其他国家的传播。相反，如果一个国家或民族的文化吸引力相对较低，则易引发其他国家受众的反感，不利于该国家或民族文化的对外传播

教育，尤其是高等教育作为社会人才培养机构，是国家文化软实力的关键组成部分，能够起到壮大国家文化软实力的作用。而 21 世纪以来，伴随着世界职业教育的不断发展，对我国高职教育提出了新的需求，为高职教育改革奠定了基础。

三、产业改革的深化

改革开放以来，我国产业结构大体经历了三个阶段的发展（表 3-2）。

表 3-2　改革开放以来我国产业结构的阶段性发展一览表

阶段	典型特征	说明
第一阶段（1978 年 —20 世纪 80 年代中期）	第一产业和第二产业中的轻工业迅速发展时期	第一产业在国民生产总值中所占比重迅速上升，而第二产业所占比重相对下降；在第二产业中，重工业比重相对下降，轻工业比重相对上升，轻重工业比例结构趋于合理
第二阶段（20 世纪 80 年代中期—1992 年）	非农业（第三产业）迅速崛起	这一时期，资源配置的最大特点是劳动力从第一产业大量转移到第二、三产业，推动了非农产业的快速发展，导致第二、产业（特别是第三产业）在国民生产总值中所占比重迅速上升，第一产业比重迅速下降
第三阶段（1993 年至今）	重化工业及能源、交通、通信等基础设施迅速发展时期	我国加快技术密集型产业发展，推动工业结构由高加工度化向技术集约化转变的阶段

从表 3-2 可以看出，改革开放以来，我国产业结构先后经历了以农业和轻工业迅速发展、第三产业迅速发展、重化工业所引导的基础设施迅速发展、技术密集型产业迅速发展为主要特征的不同阶段。在历次产业结构调整中，我国产业结构改革取得了显著成就。现阶段，我国产业结构仍处于深化改革时期。

综上所述，为了适应我国经济、文化和产业结构深化改革的需要，2019 年 1 月，国务院颁发《国家职业教育改革实施方案》（附录 1）为高职院校“三教”改革提供了重要契机。

第二节　高职院校旅游专业“三教”改革的内涵

“三教”是教师、教材、教法的统称，故教师、教材、教法改革合称为“三教”改革。“三教”是教学建设的基石，也是高职院校教育质量的生命线，本节主要对高职院校旅游专业“三教”改革的内涵进行详细阐释。

一、高职院校旅游专业的教师改革

百年大计，教育为本；教育大计，教师为本。教师是教育教学的关键要素，也是不可或缺的主体之一，在教育教学中扮演着极其重要的角色。同时，教师也是推动“三教”改革的主体。

我国传统的高职院校旅游专业教师教学以教师的知识传授为主，采用以教师为中心的教学理念，上课时，教师在台上授课，学生则在下面听讲和记笔记，整个教学活动以教师讲授为主，少有师生互动，学生在教学活动中的主体性特点没有得到体现。由于教师讲课时往往只关注教学进度而忽略了学生的理解，更不注重对学生综合素质和能力的培养，因此，出现了学生在上课时记笔记，下课后就将笔记丢在一旁，考试前临时突击背笔记，考试后忘笔记的现象，这种不良现象的出现对高职院校旅游专业学生的整体素质提高无益。

此外，尽管当前科技信息化已在教育领域广泛应用，然而高职院校旅游专业教师教学中现代化教学手段的应用和普及率仍然不高，一些高职院校旅游专业教师在教学中不愿花费时间和精力学习新技术和新手段。有的高职院校旅游专业教师即使学习了新技术和新手段也不愿学习新的、适合学生特点的教学方法，只是单纯地将书本上的知识借助现代化教学手段播放出来，仍然无法颠覆传统的以教师为中心的教学方法。这种教学方法绝非真正意义上的教学现代化。再者，由于高职院校旅游专业扩招，学生水平参差不齐，这种纯粹的填鸭式教学方法无法满足各个层次学生的需要，许多学生在教学中感到授课内容多，听不懂。而教师在教学中由于忽略了学生的主体性和积极性，不仅导致学生的个性被抹杀，不利于学生对课堂知识的掌握，还影响学生整体素质的提高，从而导致师生双方的积极性均不能得到充分的发挥。

高职院校旅游专业教师改革应突出表现在三个方面：其一，组建高水平、结构化教学创新团队；其二，建设高素质双师型教师队伍；其三，稳步推进高职院校旅游专业教师管理制度。

二、高职院校旅游专业的教材改革

教材，通常又称教科书，是实现教学目标，呈现教学内容的一种教学媒介。教材改革是高职院校旅游专业改革的重要组成部分。

高质量的教育内容需要以高质量的呈现方式来展示，教材体系在高水平人才培养体系中具有不可忽略的重要性。在高职院校旅游专业教学实践中，有的教科书被写成一部无所不包的既有知识的大杂烩，带有某种盲目性。

在我国产业改革不断深化发展，社会对人才需求标准越来越高的前提下，高职院校旅游专业教材改革势在必行。

总体上来看，高职院校旅游专业教材改革主要包括以下几个方面。

（一）制定高职教育教材标准

教材是教师教学的依据，良好的教材必须把教学标准和毕业学生质量标准置于首位。在校企深化合作培养人才的高职教育中，高职院校旅游专业应与行业企业共同开发紧密结合生产实际的实训教材，确保优质教材进课堂；并在此基础上，开展优秀教材的评介工作，突出应用性、实践性的原则，重组课程结构，更新教学内容，要注重人文社会科学与技术教育相结合，教学内容改革与教学方法、手段改革相结合。

（二）开发教材信息化资源

伴随着互联网信息技术和通信技术的发展，高职院校旅游专业教材不仅应当以纸质形式出现，还应当以数字形式出现。因此，高职院校旅游专业教材改革，除了加强文字教材、实物教材之外，还应当加强电子网络教材的建设和出版发行工作，以开发教材的信息化资源。

（三）及时动态更新教材内容

在产教融合背景下，我国校企共同开发教材时，应当结合 1+X 证书制度试点的进展，及时将新工艺、新规范融入教材内容，实现书证融通。每隔一段时间修订一次教材，其中专业教材随信息技术发展和产业升级情况及时动态更新，形成培养高素质技术技能人才的新机制；推进资历框架建设，探索实现学历证书和职业技能等级证书互通衔接。

三、高职院校旅游专业的教法改革

教学工作是教育的中心工作，也是我国高职人才培养目标实现的途径，是高职院校旅游专业的中心工作。高职院校旅游专业教法则是实现教学目标和提升教学质量的关键所在。即便同一名教师面对同样的授课内容和相同的学生，采取的教法不同，所获得的教学效果也不完全一致，由此可见教法对教学质量的重要作用。高职院校旅游专业教法改革也是高职院校旅游专业改革的重要组成部分。

综上所述，高职院校旅游专业“三教”改革涉及教师改革、教材改革和教法改革三个方面。“三教”改革背景下高职旅游专业的改革与发展也应当从这三个方面着手。

第四章　“三教”改革背景下高职旅游专业教师队伍建设

第一节 “三教”改革背景下高职旅游专业教师队伍建设的必要性

“古之学者必有师。师者，所以传道授业解惑也。”教师作为教育教学活动必不可缺的主体之一，在高职旅游专业的建设中起着重要作用。本节主要对“三教”改革背景下高职旅游专业教师发展的必要性进行分析。

一、教师是高职旅游专业建设的必要因素

具有活力的教师发展政策是高等教育机构发展的关键。[①]教师作为教育教学活动的必要主体之一，在教育教学活动中扮演着课程的组织者和指导者的角色，在教育过程中肩负着引导学生有序学习知识，实现教育目标的重要职责。

教师是高职院校的重要人才资源，也是一所高职院校存在和发展的重要基础。高职院校教师的质量和水平，直接影响高职院校的教育教学活动的开展效果、教学水平的高低以及高职院校的社会服务能力高低，影响着高职院校的发展方向。高职院校教师作为高职院校的重要资源，与高职院校之间存在着极其紧密的关系。高职院校为教师提供职业生存的空间与条件，而教师以其专业和教学为高职院校培养人才，赢得声望。西方学者爱德华·希尔斯在《学术的秩序》中指出：“当一所大学作为一个整体有八到十个具有世界一流水平的系时，就使该大学成为一个特别受人注意的中心……尽管结果是该学校作为一个整体地位显赫——被模

① 张佳榕．21 世纪以来我国高校教师教学研究的热点领域、前沿主题和科学合作分析 [D]. 大连：辽宁师范大学，2018：24.

模糊糊地感觉到——但实际上起作用的是接触到的人的工作。”①

对于高职旅游类专业建设来说，只有不断提升高职院校旅游类专业教师的水平才能确保旅游类专业人才的教育教学质量，才能为社会旅游行业培养合格的专业人才。由此可见，教师在高职旅游专业建设中起着十分重要的作用。

二、高职旅游专业教师队伍建设符合我国高等教育“三教”改革的趋势

纵观我国高等教育的历史发展过程中，教师队伍的建设十分受重视。20 世纪 90 年代中期以来，国家实施科教兴国战略和人才强国战略，对高等教育的改革与发展不断做出新的部署。

1999 年，教育部印发《关于新时期加强高等学校教师队伍建设的意见》，其中指出：“在科教兴国的战略布局中，高等教育担负着培养高级专门人才和知识创新、技术创新的重要历史使命，而高等教育的发展水平在很大程度上取决于教师队伍的整体素质。”随着我国高等教育教师教学改革的推进，高等教育教师队伍建设越来越受到关注，尤其进入 21 世纪后，高等教育师资队伍已成为高等教育教育教学工作审核和评估的重要内容之一，并取得了一定成就。

（一）高等教育教师队伍师德师风优化

高等教育的根本任务是育人，高等教育教师作为高等院校的主体，其首要任务即育人，高等教育教师素质的高低，不但直接关系到高等教育教学水平的高低，而且直接关系到育人的效果。

当前，我国正处于社会主义现代化建设的新时期和关键时期，要把我国建设成为富强、民主、文明的社会主义现代化国家，高等教育在其

① 希尔斯．学术的秩序：当代大学论文集［M］．北京：商务印书馆，2007：31.

中起着至关重要的作用，高等教育培养出来的大学生除具备较强的专业素质外，还应具备较强的道德素质，以适应社会发展的需要。而高等教育德才兼备人才的培养离不开教师的重要作用。

高等教育教师作为高等教育教学育人的主体，其在高等教育人才培养中起着十分重要的示范作用。教师作为学生的知识领路人，在学生心目中占有特殊地位，学生大多对教师十分尊敬，甚至模仿教师的一言一行，而教师的精神境界、信仰、品德、情操、身体力行对学生能够起到较强的潜移默化和深刻的感化作用，这种教师对学生心灵产生的教育力量不可估量。

近年来，我国高等教育教学改革十分重视高等教育教师队伍的师德师风整顿，取得了一定成果。对高等教育来说，不同类型、不同层次的高等教育教师队伍的整体状态不同，然而无论什么类型和层次的高等教育教师队伍均要求教师有着较高的师德。从当前我国高等教育教师队伍的主要特征来看，我国高等教育教师队伍均具有高尚的精神追求，具有较强的爱国守法、爱岗敬业、关爱学生、教书育人、为人师表、终身学习的特点，并且能够在教师岗位上做出较大的贡献。

（二）高等教育教师队伍专业水平优化

高等教育教师队伍学术水平的高低，直接关系到高等教育人才培养水平。近年来，我国高等教育教师教学改革中致力提升高等教育教师的学术水平。尤其是随着高等教育教师学历水平的普遍提升，以及我国高等教育科研水平的较快发展，我国高等教育教师队伍的整体学术水平取得了较大提升。此外，我国高等教育教师队伍具有较强的精诚合作的团队意识。教师是教学活动的组织者和协作者，随着近年来我国高等教育学科领域的划分逐渐细致，高等教育课程教学的专业性极大增加，教师无论在课程教学活动还是教学学术研究活动中均需要凝聚力量。当前我国高等教育教学充分发挥了教研组的凝聚作用，强化了教学团队建设，实现了教学资源的优化配置和科学利用。

（三）我国高等教育教师队伍结构逐渐优化

高等教育教师队伍既包括高等教育教师的年龄、学历、职务、专业等外在的显性结构要素，也包括教师的内涵、素养等潜在结构要素。近年来，我国高等教育教师队伍结构呈现出逐渐优化的特点。从高等教育教师的年龄结构来看，近年来，随着我国高等教育规模的快速发展，高等教育院校纷纷引进青年教师，教师队伍的年龄结构与之前相比发生了较大变化，呈现了出年轻教师所占比例逐渐增大和老龄教师年龄比例相对减小的趋势，尤其是随着35岁以下青年教师群体比例的增加，我国高等教育教师队伍结构逐渐呈现出较鲜明的年轻化趋势。

从高等教育教师的职称结构来看，随着近年来我国高等教育教师队伍职称结构的不断完善，我国高等教育教师的职称结构比例较以前发生了变化。从整体上来看，无职称的教师比例大大下降，中级和副高、正高职称比例大幅上涨，然而高级职称教师的比例仍然偏小。

从学历结构上来看，近年来我国高等教育教师的学历水平呈现出上升趋势，具有本科以上学历教师占比极大增强，硕士研究生和博士研究生学历的教师数量较以前获得了大幅提升。

从性别结构角度来看，近年来，我国普通高等教育专任教师中的女性教师群体数量大幅提升，从比例上来看，已成为高等教育教师队伍中的重要力量和不可忽视的生力军。

从知识结构来看，当前我国高等教育教师队伍的知识结构与之前相比呈现出从单一知识结构向复合型知识结构转化的趋势。

从任职结构上来看，我国高等教育实行“专职为主，兼职为辅，专兼结合”任职形式，逐渐形成了专职教师为主，多元化方向发展的教师结构。

高职教育属于高等教育范畴，高职旅游专业是伴随着我国旅游业的兴起和发展而设置的，其目的是培养旅游专业人才。近年来，伴随着我国旅游业态的新发展，我国高职旅游类专业的设置也发生了变化，出现了许多新兴专业。为了适应高职旅游类专业的新变化和新发展，高职院校需培养专业素质过硬的技能型旅游人才。为了适应新兴专业的建设，高职院校需要不断提升高职旅游专业教师队伍整体质量，以确保教师队伍与高职旅游专业建设相适应。从这一视角来看，高职旅游专业教师队伍建设符合我国高等教育教师改革的趋势。

三、高职旅游专业教师队伍建设符合终身教育的发展趋势

终身教育又称“永久教育”“生涯教育”等，这一理念并非始于21世纪，而是自古以来就存在的思想。现代教育中所指的终身教育概念，是由法国成人教育专家保罗·朗格朗所提出的。

1965年，保罗·朗格朗在巴黎国际成人教育大会上首次提出了这一思想，这一思想一经提出就在全世界范围内获得了极大的认同。其中，一些国家的政党，例如，日本将终身教育的实施作为竞选口号争取民众的支持。尽管终身教育的观念得到了世界各国人士的认同，但关于其概念，在学术界始终没有统一的说法。“终身教育”一词的提出者保罗·朗格朗认为，所谓终身教育即指完全意义上的教育，它包括教育的所有方面以及各项内容，从人的出生开始，一直到生命终结不间断地发展，此外还包括教育各个发展阶段各个关头之间的有机联系。①

终身教育思想的产生，与20世纪末期21世纪初期的社会背景有关。20世纪末期，人们的物质世界、精神世界以及道德世界发生了巨大的改变，尤其是随着第三次科技革命的崛起，社会更新变化速度加快。知识

① 欧阳忠明，肖玉梅，肖菲.终身教育探寻学习的财富[M].重庆：西南师范大学出版社，2014：6.

迭代速度也相应加快，这些均对教育提出了新的挑战和要求，使得教育工作者不得不面对各种各样的问题和需求，从而推动教学观念和教学方法的发展和变化。此外，教育终身化也与世界人口急剧增长有关，人口数量的增加对教育提出了新的要求和巨大挑战，为了解决不断增长的人口压力与教育之间的矛盾，终身教育理念进一步流行。除此之外，科学技术进步以及信息的飞速发展、国家政治结构的频繁变化、人们闲暇时间的增多、生活模式与思想意识形态的变化，以及人们对身体的认识、人的全面而自由的发展、社会的可持续发展等，均成为终身教育理念发展的原因。

关于终身教育的原则，保罗·朗格朗将其原则归纳为以下几方面内容：防止知识腐化，确保教育的连续性；保障教育计划与教育方法与社会目标相适应；在不同的教育阶段，必须以进化、变化和变革的生活为主，培养活生生的人；利用一切训练方法，解决强加于教育的传统定义与制度的束缚；加强教育与技术、教育与工业、教育与商业的紧密联系。①

终身教育的本质特征可总结为三个特征。从纵向结构上来看，教育并非只限于儿童和青少年阶段，而是贯穿人的一生。终身教育理念突破了传统学校教育的框架，将教育视为人一生中不断学习的过程，从而推动整个教育过程的统一。从横向结构上来看，终身教育不仅限于正规的学校教育，还包括家庭教育、学校教育以及社会教育等各种正规或非正规的教育，强调教育的综合性和统一性。从更深层次的角度来看，终身教育的特征之一，即把人的教育与社会生产和生活紧密联系起来。

终身教育强调人的学习贯穿一生，高职旅游专业教师虽然已经具备了较为系统的知识体系和一定的实践经验。然而随着我国旅游业态的不

① 朱先奇．制度创新与中国高等教育[M]．北京：中国社会出版社，2006：113.

断发展，新兴旅游类专业的建设，以及不同时代教学环境的变化，教学理念的改革以及学生思维和素养的变化，高职旅游专业教师也应当进行不断学习，以适应学生和教学环境、旅游类专业的发展，确保教学质量与学生就业质量的不断提高。从这一视角来看，高职旅游专业教师队伍建设符合终身教育理论。

四、高职旅游专业教师队伍建设符合教师生涯发展理论

教师生涯发展是从高校教师整个教育生涯角度对教师的职业素质、能力、成就和职称进行研究的理论。教师生涯发展概念提出后，中外学者对其概念进行了研究，并提出了多种不同理论（表 4–1）。

表 4–1 外国学者有关教师生涯发展的理论一览表

提出者	理论	主要内容
弗朗西斯·福勒 (Frances Fuller)	教师生涯关注阶段论	将教师生涯发展划分为四个阶段： 1. 教学前关注阶段； 2. 早期生存关注阶段； 3. 教学情境关注阶段； 4. 关注学生阶段
费斯勒（R.Fessler）	教师生涯发展理论	将教师发展划分为八个阶段： 1. 职前教育； 2. 引导阶段； 3. 能力建设阶段； 4. 热心和成长阶段； 5. 生涯挫折阶段； 6. 稳定和停滞阶段； 7. 生涯低落阶段； 8. 生涯退出阶段
卡茨（Katz）	教师发展时期理论	将教师发展划分为四个阶段： 1. 求生存时期； 2. 巩固时期； 3. 更新时期； 4. 成熟时期

续 表

提出者	理论	主要内容
伯顿（P.Burden）	教师发展阶段理论	将教师专业发展划分为三个阶段： 1. 生存阶段； 2. 调整阶段； 3. 成熟阶段
休伯曼（HubermanM.）	教师职业周期主题模式	将教师职业周期划分为七个阶段： 1. 入职期； 2. 稳定期； 3. 实验和歧变期； 4. 重新估价期； 5. 平静和疏远期； 6. 保守和抱怨期； 7. 退休期
斯德菲（B.E.Steffy）	教师生涯发展理论	将教师生涯划分为五个阶段： 1. 预备生涯阶段； 2. 专家生涯阶段； 3. 退缩生涯阶段； 4. 更新生涯阶段； 5. 退出生涯阶段

从表 4–1 中外国学者对教师职业生涯发展各阶段的划分来看，其对教师职业生涯和教师专业成长的研究，主要从时间角度和职业心理变化角度着手，对教师的职业变化进行分析与研究。

20 世纪 90 年代，教师职业生涯发展理论传入中国，引发了中国学者的广泛关注。中国学者结合我国的实际情况对教师职业生涯发展进行了研究，取得了丰富的理论成果。

教师生涯发展阶段理论大多以教师的自然年龄或教龄进行划分，以时间为线索，对教师一生的专业发展中各个阶段的特征进行了总结。这些教师生涯发展理论和实践为人们深刻认识教师职业的特点和发展规律提供了良好的分析工具，在此基础上还为教师专业发展和教师培养奠定了理论和实践基础，在各级各类教师队伍建设中发挥着较强的理论指导作用。

从教师生涯发展阶段理论可以看出，在职业生涯发展的不同阶段，教师的职业发展状态不同。对于中青年教师，尤其是青年教师来说，其职业生涯正处于上升期，教师队伍建设有利于中青年教师不断提升教学水平和专业发展水平。高职旅游专业作为侧重应用人才培养的专业类型，要求教师既具备较强的专业理论知识，也要求教师具备较强的实践技能，能够为学生提供专业指导。而对于高职旅游专业的大多数教师而言，其需要在教师岗位上不断通过多种方式的进修或再教育才能达到“双师型”教师的水平。从这一视角来看，高职旅游专业队伍建设应当以教师职业生涯发展理论作为指导，同时高职旅游专业队伍的建设也符合教师职业生涯发展理论，能够推动中青年教师的职业生涯发展。

五、高职旅游专业教师队伍建设符合教师专业发展理论

教师专业发展，是指教师在整个专业生涯中，通过终身专业训练，习得教育专业知识技能，实施专业自主，表现专业道德，并逐步提高自身从教素质，成为一个良好的教育工作者的专业成长过程。①

教师专业发展主要包括四个方面，即基于校本研究的专业发展、基于教学实践的专业发展、基于教学反思的专业发展以及基于信息化环境的专业发展。基于校本研究的专业发展是指将学校教育实践活动与教育科研活动紧密结合在一起，从而不断促进教师专业发展，提高教师素质。基于教学实践的专业发展是教师专业发展的重要组成部分，在教师专业发展中起着不可替代的作用。教师实践性知识的发展能够通过多方面的交流、传承以及多方位的思考和多层次的合作研究实现。教学反思是教

① 路仙伟，贾国安．论新形势下的教师发展[J]. 唐山学院学报，2009，22（5）：106.

师实现专业发展和突破的内在动力之一，有助于教师提升教学经验，将教学经验总结、转化为教师能力。基于信息化环境的专业发展是指在信息化快速发展的前提下，借助信息化的教育方式，不断促进教师教育理念的现代化，推动教师角色的转变，从而实现教师发展。

教师专业发展具有自主性、阶段性和连续性、情境性、多样性、实践性、环境性等特点。

（一）自主性

教师专业发展的自主性特点是教师专业发展的前提和基础，是指教师在进行教学活动时，无论在设计课程规划还是教师教材选择、教学方法和教学手段的运用中均具有较强的自主性，教师须具有将外在影响转化为自身专业发展动力的意识，培养教师的自我专业发展意识。

教师专业发展的自主性能够不断增强教师自我发展责任感，从而使教师不断寻求自我发展的机会，逐渐获得自我发展的能力。教师的自主性发展又可称为主体性发展，是指教师具有自我发展的意识和动力，能够自觉自主地通过不断学习、实践、反思、探索，从而使教师的教学能力不断提高，向更高层次的方向发展。教师专业发展的自主性强调教师本人对自己的专业负责，因此，教师专业发展带有较强的自主性特点。

教师专业发展涉及教育教学理论知识、教学实践的具体教学情境等应用场景，还包括教师个人的理论知识、实践性知识、价值观、心理素质等。教师专业自主发展即将这三个因素相互融合，推动教师专业发展。教师专业的自主发展具有双重含义：一方面是指教师在不受外力干扰的情况下，能够根据教师自身和学生实际对教育活动进行科学设计和安排；另一方面，教师的选择须对社会和学生负责。教师专业发展的自主性特点须借助教师的自主能力，以便提升教师的教学能力、研究能力、反思能力等。

（二）阶段性和连续性

教师专业发展具有鲜明的阶段性特点，国内外学者从不同教育理论出发，提出了各种不同的发展阶段理论。而处于不同发展阶段的教师需要不同，为了更好地促进教师专业发展，教师应对处于不同专业发展阶段的教师设立相应的发展目标，以便促进教师在不同阶段的发展。除此之外，教师专业发展还呈现出较强的连续性特点。教师专业发展并不是一蹴而就的，而是具有较强的连续性和循序渐进性的特点。

整个教师专业发展贯穿了整个教师职业生涯。教师的成长和教师经验的积累过程之间存在着十分紧密的关系。教师只有在终身教育理念的指导下，遵循不断发展的理念，才能促进自身专业的发展，与此同时确保教师的教学能力提高，不断积累教学经验。

（三）情景性

教师的教学必须在特定的实践环境中进行，教师的实践经验来源于教师在特定实践场景中根据学生特点、教学内容等对教学的感悟而获得，这一实践经验对促进教师专业发展起着决定性的作用。教师只有在具备充足理论知识的基础上进行大量实践才能获得专业提升，否则仅仅具有大量专业理论知识而不进行教学实践，教师也无法对已获得的教学理论进行实践和反思，更无法进行专业知识的反思和调整，从而无法获得专业知识的发展。由此可见，教师的专业发展具有情境性的特点。

教师的教学情境十分复杂，充满变化，教师与学生之间的合作与交流，与同事之间和家长之间的合作等均使得教师处于一种合作关系中。只有不断在实践经验中进行协调，才能形成良好的相互合作的文化，从而不断促进教师的成长与发展。

（四）多样性

教师教学工作需要建立和谐的学生关系，并且通过观察学生的学习兴趣和学习特点，创设不同的学习情境，在教学活动中培养和发展学生不同的能力，对学生的学习成果进行评价，参与教师教研活动，参考其他教师的听课、评课活动等。在这些活动中教师既对学生进行了知识传授和能力培养，又与学生进行了情感交流，与此同时，教师的观察能力、判断能力、教学活动的组织能力、评价能力，以及认知能力、技能技巧、情感交流与互动等各方面的能力均有了提高与发展。由此可见，教师专业发展并非单一性的，而是多样性的。

（五）实践性

教师专业发展一方面以充足的专业理论知识作为基础，另一方面又以实践知识的丰富和发展作为目标。教师专业发展主要体现在教师职业发展的基础上。教师所学习和掌握的大量理论知识必须应用于教学实践中，并且在教学实践中经过检验才能真正被教师所吸收，也才能真正提高教师的专业能力。由此可见，教师专业发展具有较强的实践性特点。

教师专业发展的实践性表明教师职业除了须具备先进的学科知识和教育教学专业知识外，还须进行大量的实践活动，否则教师就不能得到真正的专业提升和发展。教师专业发展的实践性是教师发展的基本因素，在教师发展中起着不可替代的重要作用。

（六）环境性

教师专业发展的环境性特点是指教师专业发展受到教学环境、高校环境以及社会环境的影响。

其中，教学环境的影响，即指教学环境是否丰富。教师只有在教学实践环境中进行发展，才能充分提升教师的教学实践能力，才能推动教师专业的发展。高校是教师进行教学活动的重要场所，高校为教师营造的教学环境是否优越决定着高校教学活动开展情况是否顺畅。如果高校的教学环境良好，那么教师能够顺利开展教学活动，并且在教学活动中实现丰富经验的积累，从而有利于高校教师专业发展。

否则，如果高校内部盛行“重科研而轻教学”之风，没有为高校教师教学创设良好的校园风气，那么就会对教师从事教学的积极性产生较大影响，从而不利于高校教师教学实践活动的开展，进而对教师专业能力的发展产生较大影响。

社会环境是教师教学活动开展的大环境，也是教师专业发展的基础。如果社会环境支持教师专业发展并可以为教师专业发展提供较多资源，必然推动教师专业发展，提升教师教学活动的积极性。由此可见，教师专业发展具有环境性的特点。

高职旅游专业教师队伍建设能够全面提升高职旅游专业教师的综合水平，其中包括促进高职旅游专业教师的专业发展。相反，高职旅游专业教师的专业发展反过来也能够促进高职旅游专业教师队伍的建设。从这一视角来看，高职旅游专业教师队伍建设符合教师专业发展理论的要求。

综上所述，高职旅游专业教师队伍建设符合我国高校教师改革的趋势，也符合专业终身教育的发展趋势，同时也切合教师生涯发展理论和教师专业发展理论，是“三教”改革的必要改革项目之一。

第二节 “三教”改革背景下高职旅游专业双师型教师队伍建设

教师改革是“三教”改革的重点之一，《国家中长期教育改革和发展规划纲要（2010—2020 年）》和《国家职业教育改革实施方案》等政策文件中均对教师队伍，尤其是双师型教师队伍的建设提出了要求。本节主要对高职旅游专业双师型教师队伍建设与管理进行详细分析。

一、“双师型”教师的概念

进入21世纪以来，我国职业院校教师队伍建设取得了较大成就，职业院校教师的整体素质呈现出稳步提升的态势。尤其是近年来，我国职业院校的“双师型”教师所占比重不断增加。

2022年5月，在教育部召开的第三场“教育这十年”“1+1”系列新闻发布会上，教育部教师工作司司长指出，2021年，我国职业院校的专任教师人数为129万人。其中，“双师型”教师在专业课教师中的占比已超过55%。

（一）政策文本视角的“双师型”教师概念

我国高职教育兴起于20世纪80年代。20世纪90年代，高职教育在我国正式确立。“双师型”教师的概念最早提出于20世纪90年代。1995年，《国家教委关于开展建设示范性职业大学工作的通知》提出，建设“专兼结合、结构合理、素质较高的师资队伍；专业课教师和实习指导教师具有一定的专业实践能力，其中有1/3以上的‘双师型’教师；…… 师资队伍结构合理，水平较高；专业课教师和实习指导教师基本达到‘双师型’要求”。这是“双师型”教师概念在我国政策文件中第一次明确提出。自此之后，我国多个教育文件中均提出要建设“双师型”队伍（表4–2）。

表4–2 包含“双师型”教师的重点政策文件一览表

时间	政策文件	重点内容
1995年	《关于开展建设示范性职业大学工作的通知》	申请试点建设示范性职业大学的基本条件……有一支专兼结合、结构合理、素质较高的师资队伍。专业课教师和实习指导教师具有一定的专业实践能力，其中有1/3以上的“双师型”教师

续 表

时间	政策文件	重点内容
1997年	《关于高等职业学校设置问题的几点意见》	要采取教师到企事业单位进行见习和锻炼等措施，使文化课教师了解专业知识，使专业课教师掌握专业技能，提高广大教师特别是中青年教师的实践能力。要注意从企事业单位引进有实践经验的教师或聘请他们做兼职教师。要重视教学骨干、专业带头人和“双师型”教师的培养
1998年	《面向21世纪深化职业教育改革的原则意见》	要采取教师到企事业单位进行见习和锻炼等措施，使文化课教师了解专业知识，使专业课教师掌握专业技能，提高广大教师特别是中青年教师的实践能力
2000年	《教育部关于加强高职高专教育人才培养工作的意见》	抓好“双师型”教师的培养，努力提高中、青年教师的技术应用能力和实践能力，使他们既具备扎实的基础理论知识和较高的教学水平，又具有较强的专业实践能力和丰富的实际工作经验
2010年	《国家中长期教育改革和发展规划纲要（2010—2020年）》	指明大力培养持有专业技术资格证书和职业资格证书的教师，同时指出，依托相关高等学校和大中型企业共同建设“双师型”教师培养培训基地，加大“双师型”教师的培养力度
2011年	《关于实施职业院校教师素质提高计划的意见》	提出通过实施职业院校专业骨干教师培训项目、中等职业学校青年教师企业实践项目、职业院校兼职教师推进项目、职教师资培养培训体系建设项目等培养既具备理论知识，又具备实践经验和实践知识的教师
2018年	《关于全面深化新时代教师队伍建设改革的意见》	支持职业院校专设流动岗位，适应产业发展和参与全球产业竞争需求，大力引进行业企业一流人才，吸引具有创新实践经验的企业家、高科技人才、高技能人才等兼职任教。完善职业院校教师考核评价制度，双师型教师考核评价要充分体现技能水平和专业教学能力
2019年	《国家职业教育改革实施方案》	加强职业技术师范院校建设，优化结构布局，引导一批高水平工科学校举办职业技术师范教育。实施职业院校教师素质提高计划，建立100个“双师型”教师培养培训基地，职业院校、应用型本科高校教师每年至少1个月在企业或实训基地实训，落实教师5年一周期的全员轮训制度

续 表

时间	政策文件	重点内容
2019 年	《深化新时代职业教育“双师型”教师队伍建设改革实施方案》	突出“双师型”教师个体成长和“双师型”教学团队建设相结合，提高教师教育教学能力和专业实践能力，优化专兼职教师队伍结构，大力提升职业院校“双师型”教师队伍建设水平，为实现我国职业教育现代化、培养大批高素质技术技能人才提供有力的师资保障
2020 年	《职业教育提质培优行动计划（2020—2023 年）》	实施新一周期“全国职业院校教师素质提高计划”，校企共建“双师型”教师（含技工院校“一体化”教师，下同）培养培训基地和教师企业实践基地，落实 5 年一轮的教师全员培训制度
2021 年	《关于推动现代职业教育高质量发展的意见》	完善职业教育教师资格认定制度，在国家教师资格考试中强化专业教学和实践要求……支持高水平学校和大中型企业共建双师型教师培养培训基地，落实教师定期到企业实践的规定，支持企业技术骨干到学校从教，推进固定岗与流动岗相结合、校企互聘兼职的教师队伍建设改革
2021 年	《实施职业院校教师素质提高计划（2021—2025 年）的通知》	支持高水平学校和大中型企业共建“双师型”教师培养培训基地、企业实践基地，充分发挥引领作用，辐射区域内学校和企业，提升校企合作育人水平

从表 4-2 政策文件中提及的“双师型”教师的概念可以看出，政策文件视角的“双师型”教师，均为既具有理论教学能力，又具有实践教学能力和社会服务能力的教师；既能够培养高素质技术技能型人才，又能通过专业和科研服务社会。

（二）学者研究视角的“双师型”教师概念

在我国正式出台“双师型”教师的有关政策文件之前，我国一些学者即注意到职业教育教师的特殊性，并较早提出了“双师型”教师的概念，从学术视角对“双师型”教师的概念进行了定义。

1990 年王义澄在其发表的《建设“双师型”专科教师队伍》一文中最早提出了“双师型”的概念。在这篇文章中，王义澄以上海冶金专科学校教师培养经验为例，提出通过让教师和学生一起参加生产学习、毕业实习、到工厂实习、参与重大工程项目、技术咨询服务等培养“双师型”教师。①

之后，我国学者分别从多个视角对“双师型”教师的概念进行定义，提出了多种见解（表 4-3）。

表 4-3 学者视角的“双师型”教师概念一览表

序号	概念	概念阐释	概念分析
1	双职称②	该观点认为“双师型”教师是指教师既获得学术系列专业技术职称，又获得技术系列专业技术职称，只有获得双职称的教师，才能被称为“双师型”教师	对“双师型”教师的认定偏向于外在形式，不能涵盖所有“双师型”教师类型
2	双证书③	该观点认为“双师型”教师是指具备学历证书和技术证书“双证书”的教师	与双职称说法类似，不能涵盖所有“双师型”教师类型
3	双素质④	该观点又可细分为两种观点： （1）既具备一定的学术科研能力，也具备特定技术的应用能力、理论教学和实践教学素质的教师； （2）“双师型”教师需要达到两个层次之“双”要求：一是“经师与技师”的知识与技术能力教师要求，即经典专业知识 + 精湛专业技术，要求教师在教育过程中既能讲授专业知识，又能传授实践性技能；二是“人师和事师”的素质要求：“价值引导 + 职业指导”，要求教师既能导引学生塑造人格和价值观，又能指导学生选择职业并规划职业生涯	与前两种说法相比，更加重视教师的内在素质

① 王义澄．建设“双师型”专科教师队伍 [N]. 中国教育报，1990-12-5（3）.

② 王义澄．建设“双师型”专科教师队伍 [N]. 中国教育报，1990-12-5（3）.

③ 潘书阁，王宪成．高职双师素质师资队伍建设的探讨 [J]. 职业技术教育，2002(25)：52-54.

④ 卢双盈．职业教育“双师”素质教师队伍建设问题研究 [J]. 中国职业技术教育，2007（26）：18-20.

续 表

序号	概念	概念阐释	概念分析
4	双来源①	该观点认为“双师型”教师是指同一所职业院校的教师队伍构成包括两种来源:一种来源于学校的“理论型”专任教师；另一种来源于企事业生产第一线聘任的兼职教师，即“技能型”实用人才	仅从来源方面，而非能力和素质方面对教师进行了规定
5	双对象②	该观点认为“双师型”教师是指同一所职业院校的教师无论从个体层面还是整体层面来看，均具有“双”资质。从个体层面来看，个体教师应当既具有理论知识又具有实践知识的资质；从整体层面来看，同一所职业院校的教师由理论型教师和实践型教师组合而成，既有校本师资，也有校外聘请的实践经验丰富的兼职教师	此概念较为全面，认识到了仅从外在形式和教师内在素质方面对教师进行“双师”认定的局限性

从表 4-3 中学者视角的“双师型”教师概念来看，不同概念均具有一定的合理性和不全面之处。然而，正是由于这些不同类型概念的存在，才促进了“双师型”教师概念的不断发展，丰富了“双师型”教师的理论，同时推动“双师型”教师的内涵朝着更加丰富的方向发展。

二、“双师型”教师的内涵

现阶段，“双师型”教师广泛存在于我国中、高职院校和普通应用型本科院校之中。本书主要对高职院校的“双师型”教师概念、队伍建设和评价创新进行研究。

“双师型”教师的提出与发展，与高职院校以及普通应用型本科院校的人才培养的特点息息相关。高职院校强调教育与职业的密切相关性，所培养的人才具有较强的职业倾向。因此，高职院校的教师不仅应当具

① 徐颖．高职云霄“双师型”教师队伍建设：内涵变迁与实践意义[J]．中国职业技术教育，2017（24）：81-86.

② 赵永胜．高职院校“双师型”教师队伍建设路径研究[J]．职业技术教育，2019(32)：48-54.

备普通高等院校教师所必备的专业知识和素养，还应当具备较强的实践知识，具有相关行业从业人员的基本知识和素养，唯其如此才能为社会培养相应的人才。“双师型”教师的内涵，具体包括以下几个方面。

（一）“双师型”教师的素质

普通高职院校（以下简称“高校”）“双师型”教师的素质包括高校教师基本的教育素质，以及与职业工作相关的素质等双重素质。

高校“双师型”教师属于高等教育范畴的教师，应当具备从事高等教育职业的基本素质，即具有高尚的师德，具有较为深厚的文化修养和专业理论基础，具有教育科学素养、深厚的文化素养和专业理论知识，等等。除此之外，高校双师型教师作为职业教育或应用型本科院校的教师，还应当具备较高的职业道德、实践技能技巧，以及进行职业指导的专业化素质，以便能够在教育教学中更好地对学生进行教学指导、实践指导和职业生涯指导等（表 4–4）。

表 4–4 “双师型”教师的素质内涵一览表

序号	素质类型	细分类型	作用
1	高校“双师型”教师的基本教育素质	高尚的师德	能够对学生的世界观、人生观和价值观产生直接或间接的影响
		教育科学素质	掌握一定的教育理论，并遵循教育规律解决教学实践问题，能够运用教育知识和技能按时完成教学计划，达成教学目标，并科学地对教学效果进行评价等
		文化底蕴	具有广博的文化知识和精通专业的系统知识，具备扎实而深厚的理论知识和敏锐的洞察力

续 表

序号	素质类型	细分类型	作用
2	高校“双师型”教师的职业工作相关素质	高尚的职业道德	能够对学生的职业意识、职业情感和职业行为产生直接或间接的影响
		良好的实践技能和专业操作指导素质	能够在教学中为学生提供专业的操作示范，对学生在实践操作中遇到的难题给予指导，切实培养学生良好的实践能力
		职业指导的专业化素质	能够给予学生职业指导，帮助学生明晰未来的职业规划和职业发展

（二）“双师型”教师的能力

高校“双师型”教师的能力与高校“双师型”教师的素质相对应。高校“双师型”教师的能力包括两方面的能力，即胜任专业理论教学的能力、指导学生进行专业实践的能力。

高校“双师型”教师作为高校教师，应当掌握充足的专业理论知识，掌握相关专业领域的最新科研技术和科研成果，关注相关领域的最新发展动态，能够胜任专业理论教学，在对学生进行相关专业的理论知识指导时，向学生介绍相关专业行业的新知识、新技术、新理念，以使学生在掌握相关行业理论的同时，清晰地了解相关行业的专业发展趋势。

高校“双师型”教师指导学生进行专业实践的能力包括“双师型”教师本人应当具有某一行业特定岗位群的技术技能，熟悉生产实践，并且能够从事相关专业技术开发和专业技术服务的工作，具有相关岗位的资格证书或技能证书，具有较强的理论与实践综合能力。此外，“双师型”教师还应当能够把握前沿问题，并且具有较强的技术创新和产品开发能力，能够在专业领域内从事试验、生产、技术开发和科研等工作。

三、高职旅游专业“双师型”教师的标准

近年来，伴随着我国社会经济的快速发展，以及职业旅游教育的快速发展，我国高职旅游教育院校也纷纷开始着手建立“双师型”教师认定标准和双师型教师队伍管理办法。

例如，2019年上海某旅游学校制定的“双师型”教师认定标准和双师型教师队伍管理办法如下。

（一）目标和任务

按照建设高水平应用型本科旅游院校的目标与要求，结合学校总体发展目标，我校（院）双师型队伍建设的目标和任务是：

（1）双师型教师队伍建设以提高教师实践教学能力为目标，以强化学生实践能力和培养学生创新精神为宗旨，以促进学生就业创业为导向，进一步优化我校（院）教师队伍结构。

（2）到2023年，建设一支熟悉行业企业需求、工作经验丰富、实践教学能力强的专兼职结合的双师型教师队伍。

（二）双师型教师的认定条件

我校（院）双师型教师应具备以下“基本条件”，并符合“资格条件”中至少一项或以上：

1. 基本条件

（1）热爱高等教育事业，治学严谨，为人师表，具有良好的政治思想品质和职业道德。

（2）具有扎实的理论基础知识和专业技能，具备较强的教学能力，胜任教学工作，承担课程教学（含实践教学指导）任务，能够灵活运用专业知识或技能完成实践教学指导任务。

（3）具有大学本科以上学历，持有高校教师资格证书的我校（院）专任教师和校（院）内兼课人员。

2. 资格条件

（1）具有本专业中级（或以上）技术职称及职业资格（含持有行业特许的资格证书及具有专业资格或专业技能考评员资格者），并在近五年主持（或主要参与）过校内实践教学设施建设或提升技术水平的设计安装工作，使用效果好，在省（市）内同类院校中居先进水平或在近五年主持（或主要参与，排名前三）过校内外实践教学（行业）标准制定或修订工作，标准具有较好的示范辐射效应，在业内具有较高的影响力。

（2）近五年中有两年以上（可累计计算）在与本专业相关的行业、企业、科研机构第一线的实际工作经历，能全面指导学生专业实践实训活动。

（3）近五年主持（或主要参与）过应用技术研究，成果已被企业使用，效益良好。

（三）双师型教师的认定程序

双师型教师资格确认学校每年受理一次，一般每年 10 月份受理，按下列程序进行：

（1）个人申报。申报人填写《上海旅游高等专科学校 上海师范大学旅游学院双师型教师资格确认申报表》，提供相关佐证材料。

（2）二级教学单位审核推荐。各单位对申报人材料进行资历、经历、成果与材料等方面的审核，提出初审意见，确定拟推荐人选并向学校报送材料。拟推荐人选应在本单位范围内公示。

（3）学校（院）审查。组织人事处会同相关部门对被推荐人选的申报材料进行审核，并报校（院）人事工作小组审定，提出拟认定人选。

（4）学校（院）认定与公示。拟认定人选在学校（院）范围内公示。经公示无异议后，提请学校（院）研究确定具有“双师型”教师资格的教师名单。

（5）“双师型”教师由学校（院）统一颁发资格证书。

（四）双师型教师的管理与激励

（1）“双师型”教师资格实行动态管理，每五年重新认定资格。

（2）在职称评审、骨干教师选拔、国内外进修访学、岗位聘用、教学安排等方面，双师型教师在同等条件下优先。

（3）对于学校在岗在编的持有A类证书的双师型教师给予一次性奖励。其他双师型教师颁发证书。

从该校公布的“双师型”教师认定标准和双师型教师队伍管理办法中可以看出，该校的“双师型”教师认定标准建立在《国家职业教育改革实施方案》《上海高校分类评价指标（试行）》等文件要求之上，侧重强调“双师型”教师的实践经验和实践成果。

四、高职旅游专业“双师型”教师队伍建设原则

高职旅游专业“双师型”教师队伍建设应当坚持以下几个原则。

（一）以人为本原则

高职院校旅游专业“双师型”教师作为不同的个体，其知识结构和能力素养也不尽相同，呈现出千差万别的特点。

有的“双师型”教师的专业理论素养较为丰富，然而实践动手能力偏差，在专业理论的指导下，如果高职院校旅游专业相关院系能够为其提供相应的实践平台，则能够推动这些“双师型”教师的实践能力获得较大的提升。而有的“双师型”教师的实践经验极其丰富，专业理论素养却相对较为不足，对于这种类型的“双师型”教师，高职院校旅游专业相关院校应当为其提供多样化的专业理论学习机会，使其有机会提升自身的专业理论水平。

除此之外，高职院校旅游专业还存在一些“双师型”教师具有较为全面的素养，不但专业理论扎实，而且具有较强的动手能力，其综合素养和能力较为突出。针对这些“双师型”教师，高职院校旅游专业应当

为其提供良好的发展条件，通过专门的项目研究、成果转化，以及出国深造等方式，不断提升这些“双师型”教师的综合素养，使其成为高职院校旅游专业“双师型”教师中的骨干型教师，在高职院校旅游专业“双师型”教师中树立典范，从而带动整个高职院校旅游专业“双师型”教师队伍的建设。

由此可见，针对不同的“双师型”教师，高职院校旅游专业应当坚持以人为本的原则，从“双师型”教师的长处与不足着手，为其打造能力提升的平台，从而提高高职院校旅游专业“双师型”教师队伍的整体建设水平。

（二）教书育人原则

旅游专业高技术技能人才的培养是高职院校旅游专业的主要责任，也是高职院校旅游专业“双师型”教师的重要职责，高职院校旅游专业“双师型”教师队伍建设应当坚持教书育人原则。高职院校旅游专业“双师型”教师所培养的人才，应当在专业理论和专业实践方面协调发展，不仅要符合当前人才市场的要求，还要充分考虑人才的未来发展与行业发展趋势的适应性，培养具有综合能力和素养的技能型人才。对此，高职院校旅游专业“双师型”教师队伍的培养应当注重“双师型”教师道德素养以及教学能力的培养，同时还应注重“双师型”教师社会实践能力的培养，只有全方位提升“双师型”教师的能力，才能真正提升“双师型”教师教学能力的发展。

（三）动态变化原则

高职院校旅游专业“双师型”教师队伍建设与评价改革不是一朝一夕之功，而是一项长期的系统工程。在这一过程中，高职院校旅游专业“双师型”教师队伍建设与评价改革应当跟随时代的发展和进步而不断变化，因此应当坚持动态变化原则。

我国职业教育自20世纪末期开始起步，在短短数十年中取得了丰硕的成果。职业教育具有较强的应用性，伴随着科学技术的发展，新工艺、新流程、新规范、新设备的不断出现，高职院校旅游专业“双师型”教师的知识结构和能力要求也应当伴随着时代的发展而产生变化。因此，“双师型”教师队伍建设应当坚持动态变化原则，注重与时代结合，对“双师型”教师的能力进行培养。

例如，伴随着我国“双高”计划的实施，以及我国新《职业教育法》的出台，职业教育的发展进入全新的历史阶段，对高职院校旅游专业“双师型”教师的要求也越来越高。因此，高职院校旅游专业在培养“双师型”教师队伍的过程中，应当尽快建立起符合全国职业教育发展趋势、本校发展规划的“双师型”教师认定标准，针对“双师型”教师的各方面能力进行科学培养，切实提升高职院校旅游专业“双师型”教师的人才队伍建设质量。

综上所述，高职院校旅游专业“双师型”教师队伍建设应当坚持以人为本原则、教书育人原则和动态变化原则，为高职院校旅游专业“双师型”教师打造各种能力提升平台，充分激发“双师型”教师的积极性，达到不断提升高职院校旅游专业“双师型”教师队伍建设的目的。

五、高职旅游专业“双师型”教师队伍建设路径

近年来，伴随着我国高职旅游专业教师改革的持续推进，高职院校的旅游类专业越来越重视“双师型”教师队伍的培养和建设。一般而言，高职旅游专业“双师型”教师队伍建设可从以下路径着手。

（一）加强高职院校旅游专业“双师型”教师队伍建设的制度保障

高职院校旅游专业“双师型”教师队伍建设的实施离不开相关制度的保障，我国政府有关部门近年来出台了一系列加强高职院校“双师型”教师队伍建设的制度文件，这些制度文件的出台为我国高职院校旅游专

业“双师型”教师队伍建设和评价改革提供了制度保障。

例如，“双高”计划的实施，有力地推动了我国高职教育的整体发展，有效推动了高职院校旅游专业“双师型”教师的队伍建设。

2022 年，教育部办公厅发布了《教育部办公厅关于做好职业教育“双师型”教师认定工作的通知》，同时制定了《职业教育“双师型”教师基本标准（试行）》（附录 2），其中明确了职业教育“双师型”教师的认定范围和认定标准，要求各省级教育行政部门应结合本地具体情况，以及不同教育层次、专业大类等，参照制定或修订本级“双师型”教师认定标准、实施办法，明确支持举措，实行分类评价，并适时调整完善。因此，我国高职院校旅游专业也应结合旅游专业的特色，进一步完善各级“双师型”教师的认定标准，以更好地培养和建设高职院校旅游专业“双师型”教师队伍。

（二）构建高职院校旅游专业“双师型”教师队伍建设机制

以我国政府出台的相关制度文件作为依据，构建高职院校旅游专业“双师型”教师队伍建设机制，才能为高职院校旅游专业“双师型”教师队伍建设提供充实的保障。

1. 构建完善的“双师型”教师引进和培养机制

高职院校旅游专业应当在国家相关政策的指导下建立完善的“双师型”教师引进和培养机制。

结合近年来我国有关部门发布的一系列职业教育发展和改革政策，高职院校旅游专业构建完善的“双师型”教师引进和培养机制应当从以下几个方面着手。

（1）加强对高职院校旅游专业现有教师的培训。高职院校旅游专业“双师型”教师是高职院校旅游专业教师队伍中的佼佼者，高职院校旅游专业可根据旅游专业教师的特点，加强对教师的全方位培训，以帮助普通教师朝着“双师型”教师的方向发展。对于高职院校旅游专业现有的“双师型”教师，高职院校旅游专业相关院系应进一步加强对其能力的培养，不断提升“双师型”教师的综合能力，提升高职院校旅游专业“双师型”教师的质量。

具体来说，高职院校旅游专业可结合我国职业教育领域教师培养和培训的有关政策，开展高职院校旅游专业“双师型”教师素质提高计划，并联合区域甚至全国范围内的职业院校旅游专业共同开展不同专业领域的“双师型”教师培训。

除此之外，有条件的优质高职院校旅游专业还可对具有发展潜力的青年“双师型”教师，或骨干型“双师型”教师给予专门的物质资助，鼓励“双师型”教师进行学历深造，进行出国修学访问。

（2）构建“双师型”教师能力大赛比赛机制。高职院校旅游专业“双师型”教师的能力，不仅可以通过直接培训获得提高，还可以在企业实践或比赛实践中提高。例如，教育部与其他有关部门协作，吸引地方政府有关机构或高职院校，共同举办高职院校旅游专业“双师型”教师教学能力大赛等。高职院校旅游专业“双师型”教师在大赛过程中，能够清晰地了解自己与他人之间的差距，激发高职院校旅游专业“双师型”教师学习的主动性和积极性。从而达到不断提升高职院校旅游专业“双师型”教师队伍建设的目的。

（3）建立专门的“双师型”教师学习发展中心。教师学习发展中心作为教师培训的组织单位，在推动高职院校旅游专业“双师型”教师培养和培训中起着极其重要的作用，能够有针对性地开展高职院校旅游专业“双师型”教师某一方面能力的培养。

例如，“双师型”教师不仅要立足国内职业教育领域，还要与世界各国的“双师型”教师开展合作或竞争，因此，“双师型”教师的国际化能力培养至关重要。对此，“双师型”教师学习发展中心可以结合本校“双师型”教师的实际情况，开展专门的“双师型”教师国际能力培养和培训，从而达到提升“双师型”教师能力的目的。

（4）加强“双师型”教师培训基地和企业实践基地的建设。一般而言，高职院校旅游专业“双师型”教师经过多年深造均具有较为深厚的理论知识素养，而实践素养相对薄弱。高职院校可在我国有关政策的引导下，持续深化校企合作，与当地具有实力的企事业单位共建“双师型”教师培养培训基地和企业实践基地，着重对高职院校旅游专业“双师型”教师的专业实践能力进行培养和提升，不断提升高职院校旅游专业“双师型”教师综合素养。

2022 年教育部办公厅发布的《教育部办公厅关于公布国家级职业教育“双师型”教师培训基地（2023—2025 年）的通知》中列出了 6 个旅游大类“双师型”教师培训基地（表 4–5）。

表 4–5　六个旅游大类“双师型”教师培训基地一览表

专业大类	专业中类	基地牵头单位
旅游大类	餐饮类	扬州大学
旅游大类	旅游类	广西师范大学
旅游大类	旅游类	海南经贸职业技术学院
旅游大类	旅游类	浙江旅游职业学院
旅游大类	旅游类	中国海洋大学
旅游大类	旅游类	上海商学院

（5）构建完善的“双师型”教师评价体系。高职院校应当立足我国职业教育发展，结合个体院校发展特点和发展趋势，构建立体化的高职院校旅游专业“双师型”教师评价体系。该教师评价体系通过科学合理的评价标准和客观公正的评价结果，达到“以评促改”的目的，引导“双

师型”教师能够在专业发展中及时了解自身的优势与劣势，激发“双师型”教师的潜能，不断改进自身教育教学实践，最终实现“双师型”教师专业成长的可持续发展。

2. 强化校企共育，实现“内培”与“外引”相结合

近年来，伴随着我国产业结构调整的不断深化，职业教育在人才培养方面，越来越注重校企合作。

2015 年，国家旅游局与教育部联合出台了《国家旅游局 教育部关于加快发展现代旅游职业教育的指导意见》，明确提出要“深化校企合作”，引导旅游企业充分发挥重要办学主体作用，积极推动校企联合招生、联合培养、一体化育人。《“十三五”旅游人才发展规划纲要》也明确提出要依托重点院校、龙头企业建设一批示范性旅游职业教育实习实训基地，培育一批示范性校企合作项目。

《职业教育提质培优行动计划（2020—2023 年）》中也指出，高职院校应当进一步深化产教融合校企合作，具体可通过建立产业人才数据平台，研制职业教育产教对接谱系图；遴选建设一批产教融合型城市，培育数以万计的产教融合型企业；实施国家级农村职业教育和成人教育示范县助力乡村振兴人才培养计划；依托国有企业、大型民企建立 1000 个左右示范性教师企业实践流动站；打造 500 个左右实体化运行的示范性职教集团（联盟）；打造 100 个左右技工教育集团（联盟）；推动建设 300 个左右具有辐射引领作用的高水平专业化产教融合实训基地；建设 100 所乡村振兴人才培养优质校；建立健全省级产教融合型企业认证制度，落实“金融 + 财政 + 土地 + 信用”的组合式激励政策，不断促进高职教育的产教融合与校企合作。

产教融合不仅可以培养实用型人才，还可以为高职院校旅游专业“双师型”教师提供实践基地，有利于提升高职院校旅游专业“双师型”教师的综合能力；不仅能够为高职院校旅游专业“双师型”教师的实践

能力培养提供平台基础，还能够为高职院校旅游专业“双师型”教师参与到企业科研活动中，以及“双师型”教师的科研成果转化提供良好的机遇。

此外，产教融合的过程，可以帮助高职院校吸纳企业的优秀人才进入高职院校兼职，通过“内培”与“外引”的结合，不断推动高职院校“双师型”教师队伍建设。

（三）学习国外“双师型”教师队伍建设的经验

近年来，伴随着职业教育的发展，许多国家均加强了对“双师型”队伍的建设，一些国家已经形成了符合自己国家高职教育发展特色的教师队伍建设模式和制度。这些国家的“双师型”教师队伍建设经验，可以为我国高职旅游专业“双师型”教师队伍建设提供一定的借鉴。

1. 美国的 CBE 模式

美国的 CBE 模式是“以能力为基础的教育”（Competency based education，简称 CBE），产生于第二次世界大战之后，现在广泛应用在美国、加拿大等北美的职业教育中。

美国的职业教育培训目标是培养“宽专多能型”人才，其培养目标是和美国本土的社会特征相吻合的。培养模式主要是笔者所述的 CBE 模式，注重各种职业发展方向，重视学生以后的发展，学习更多更广泛的基础知识，并且还能够适应很多职业。

CBE 模式的主要特点是，首先由国家聘请行业中一批具有代表性的专家组成专业委员会，而后按照岗位的需要，层层分解，确定从事这一行业所应具备的能力，明确培养目标；之后，再由学校组织相关教学人员，按照教学规律，将相同、相近的各项能力进行总结、归纳，构成教学模式，制定教学大纲，以此施教。其科学性体现在它打破了以传统的公共课、基础课为主导的教学模式，强调以岗位群所需职业能力的培养核心，保证了职业能力培养目标的顺利实现。

美国职业教育的实施机构主要是在综合高中和社区学院，社区学院是美国职业教育体系的一大特色。由于美国职业教育具有大众性的特征，因此其职业教育由学校或学院这种公共教育机构来承担。

2. 德国的双元制模式

双元制模式是德国的一种职业教育模式，同时也促进了德国的发展。所谓“双元制职业教育”，即整个培训过程是在工厂企业和国家的职业学校进行，并且这种教育模式又以企业培训为主，企业中的实践和职业学校的理论教学密切结合。①

德国的双元制模式学习时间通常为 2 ～ 3.5 年（大部分专业需要 3 年学制，一少部分专业为 2 年和 3.5 年学制），学习的主体一般为中学毕业生，大致都是以抽象能力为主，德国双元制模式主要培养技术管理人员。所以其教学分别在企业和职业学校里交替进行，大约四分之三的时间是在企业实践，四分之一的时间是在学校学习。其在培训的组织方式上，采用由企业进行实际操作方面的培训，培训学校完成相应理论知识的培训，企业与职业学校共同完成对职业学校学生的培训工作。

德国的双元制模式课程设计以职业需求为核心。其理论课程设计以职业活动为中心选择课程内容，理论课覆盖了专业所需的所有理论，知识面广，深浅适度，综合性强，有利于培养学生的综合分析问题和解决问题的能力。课程的选择都是经由教学经验丰富的业内专家综合编排的，更注重直接性经验。

3. 新加坡职业教育

新加坡职业教育之所以领先于世，与其形成自身特色的先进发展模式分不开。新加坡大力推行校企合作。其中最负盛名的便是新加坡的

① 黄萌萌 . 带你了解德国“双元制”教育 [J]. 百科知识，2022（14）：69-72.

“教学工厂”模式。“教学工厂”并不是简单的在工厂内实习，而是把教学和生产紧密地结合起来，为学生创造一个真实的校内工厂学习环境，让学生通过参与真实岗位的生产和实际项目的设计，掌握扎实的专业知识和高超的动手技能。

换言之，企业为学校提供了先进设备、研发资金和实习岗位，供学校教师研发和培养人才之用；学校为企业提供专业人才，解决技术难题或设计开发项目和产品，真正实现了“校企双赢”。

以新加坡的职业院校——工艺教育学院为例，工艺教育学院在顶尖科技领域，与欧洲的高新技术强国建立了紧密的商业合作。学校里面有企业的培养基地，学生可以在培养基地的真实环境下，感受在实际工作之中容易遇到的问题；教师还可以根据企业培养基地的实际操作模式，进行课程上的精准把控，开展与此相关的教学活动，做到真正将知识理论应用到实践环节之中；而对于实操性相对比较强的专业，如物流或铁路运输，学校还可以每年派出一部分学生（专业相关），到世界各地的优秀企业之中去实践，这样便可以更好地帮助学生进行就业。

4. 国外教育的综合评价

通过上述的美国的CBE模式、德国的双元制模式、新加坡的职业教育这三个国外高等职业教育的优秀案例，可以看出无论采用哪种教学模式，都是将校企合作、知行合一发挥出了较为优秀的效果。

首先，企业为学校提供设备、经验、优秀的行业人员等，这些都便于学生在以后面临实际工作时，将在高等职业教育院校学习到的知识进行更好接轨；而学校方面，则是派出了优秀的学生、教师，为企业提供专业化的人才，去解决企业目前遇到的问题和参与企业的开发设计项目，利用学科优势和专业的理论素养去更好地促进企业的发展。可以说，这是一个双赢的过程。

其次，注重教师的全面性综合素质，打造优秀的“双师型”队伍的建设。按照国外教学的培养模式来看，“双师型”教师的培养观念便是，职业院校从企业中物色教学人选，他们在校时教学，在企业时解难，具有双重身份，故称“双师”。

也就是说，教师的企业工作经验可以说是在国外得到了重视，这样的好处便是，教师对于自身相关专业的企业可以说是非常熟悉，并且尤其是对企业内部的行业管理还有企业对员工的要求等，都会在心中有一定的把握。

这样，学生在课堂的学习之中，也就不会仅仅是收获教材上的理论知识，更有这样有经验的教师能够将教材的书本知识进行“活化”，教授课外企业的相关经验。学生也就能够去掌握更多的和该行业现在相符合的、最新的企业信息资源。

最后，进行一种“无界化”管理（新加坡创新）。高等职业教育各专业学科之间，还可以进行共同研究，协作开发、联合承担各种大型项目，教师同样也不再固定于哪一个学科，而是通过参与项目，让学校去进行统一的管理。此外，搭建学校教育的优秀平台，还可以帮助学生在课下能够更好地对课程进行回顾反思，帮助学生更好地进行课下自学。这样通过建立局域网站将全校师生参与项目的解决方案和成功经验汇总起来以供大家分享借鉴、学习交流，通过不同学科的边缘交叉培养出现代社会最需要的综合型人才。

第三节 “三教”改革背景下高职旅游专业双师型教师管理策略

高职旅游专业“双师型”教师管理的重要性丝毫不亚于高职旅游专业“双师型”教师的培养。本节主要对“三教”改革背景下高职旅游专业双师型教师管理策略进行详细分析。

一、强调“双师型”教师的师德素养

2022年教育部办公厅发布的《教育部办公厅关于做好职业教育“双师型”教师认定工作的通知》中强调坚持把师德师风作为衡量“双师型”教师能力素质的第一标准，强化对思想政治素质和师德素养的考察，师德考核不合格者在影响期内不得参加“双师型”教师认定，已认定的应予以撤销。因此，高职院校旅游专业“双师型”教师管理应当强调“双师型”教师的师德素养，不断提升“双师型”教师的师德素养。

《职业教育“双师型”教师基本标准（试行）》第一条指出，贯彻党的教育方针，热爱职业教育事业，具有良好的思想政治素质和师德素养，自觉践行社会主义核心价值观，弘扬劳模精神、劳动精神、工匠精神，为人师表，关爱学生。

高职院校旅游专业“双师型”教师师德素养是通过教学实践活动表现出来的，推动教师以积极主动的精神投入教学中，并且将教师的师德与教师的知识、行为、人格融为一体，从而影响教师的信念和行为，同时对学生的行为做出示范和榜样。

高职院校旅游专业“双师型”教师师德包括高尚的道德品行和良好的精神状态两个方面。

1. 高尚的道德品行

高职院校旅游专业“双师型”教师的高尚的道德品行大体可以划分为两种类型。一种类型是践行公民道德，另一种类型是践行教师的职业道德。

（1）高职院校旅游专业“双师型”教师的公民道德。高职院校旅游专业“双师型”教师具有多重身份，从社会公民视角来看，高职院校旅游专业“双师型”教师作为现代社会的公民，应当遵守社会公民道德。公民道德是一个国家所有公民必须遵守和履行的社会道德规范的总和。根据我国《新时代公民道德建设实施纲要》，我国公民道德主要包括爱国守法、明礼诚信、团结友善、勤俭自强、敬业奉献。

对于高职院校旅游专业“双师型”教师来说，其教师公民道德也应包括爱国守法、明礼诚信、团结友善、勤俭自强、敬业奉献几个方面。其中，爱国守法是公民最重要的道德规范和公民道德的基本要求，明礼诚信是公民的基本道德要求，团结友善是指公民之间应当建立和保持的和谐关系，勤俭自强是公民在日常生活中的一种积极健康的状态，敬业奉献是公民对待国家和工作的一种基本态度。公民道德是我国对公民在道德领域的基本要求，是培养有文化、有担当的公民，建设社会主义和谐社会的重要准则。

高职院校旅游专业“双师型”教师的公民道德要求教师应当注重在公共场所的行为，不仅要在学生面前注意自身的言行，保持礼貌，还要在各种公共场所行为举止端庄、优雅。如果高职院校旅游专业“双师型”教师的公德较弱，则会影响教师的形象，不利于构建和谐的师生关系，对教学效果产生不良影响。

（2）高职院校旅游专业“双师型”教师的职业道德。除了良好的公德之外，高职院校旅游专业“双师型”教师还应具备良好的职业道德。

教师的职业道德在我国《教师法》《高等学校教师职业道德规范》等法律法规中均有详细表述，其中包括爱国守法、教书育人、为人师表等内容。高职院校旅游专业"双师型"教师的职业道德要求教师应当具备良好的个人品德、修养、作风、习惯，无论在工作中还是学习中，均应成为道德典范，尤其是在教学中应具有诚实、善良、友好、民主的良好作风。

2018 年，教育部印发了《新时代高职院校旅游专业教师职业行为十项准则》，对高职院校旅游专业教师的职业行为提出了明确的规范，其中包括坚定政治方向、自觉爱国守法、传播优秀文化、潜心教书育人、关心爱护学生、坚持言行雅正、遵守学术规范、秉持公平诚信、坚守廉洁自律、积极奉献社会。

2. 良好的精神状态

高职院校旅游专业"双师型"教学中，教师应保持良好的精神状态。教师在教学中应保持充沛的精力，输出正能量，充满工作激情。

（1）保持充沛的精力。高职院校旅游专业"双师型"教师在教学中，应当保持充沛的精力。只有精力充沛，才能保持旺盛的精力，也才能具有较强的创造性。高职院校旅游专业"双师型"教师保持充沛的精力，应当身体健康，不易疲劳；具有足够的知识储备满足教学需要；情绪饱满，精神愉快；价值感稳定，具有较强的工作热情；人际关系和谐；自我肯定感强，具有较强的自我价值，并且对教师职业具有强烈的认同感，一旦走上讲台，就能够提起精神，投入教师的职业角色。

（2）输出正能量。高职学生正处于世界观、人生观和价值观的形成时期，处于从学校走向社会的关键阶段。而每一个学生均是独立的个体，不同学生的性格习惯和学习能力等千差万别，具有思想多元化、喜欢模仿等特点。面对高职学生的独特特点，高职院校旅游专业"双师型"教师在教学中应当保持正能量，并且输出正能量。

高职院校旅游专业“双师型”教师作为具有双职称以及理论素养和实践素养兼备的教师，在教学中对学生的成长起着极其关键的作用，应当通过言传身教不断输出正能量，为学生树立良好的教学典范。

例如，高职院校旅游专业“双师型”教师在教学科研方面应不断突破与自我超越，在教学过程中公平及平等地对待学生，推动学生素质的全方位发展。在教师的个人修养方面，他们应严于律己，努力学习、研究该主题和专业相关的知识。

（3）充满工作激情。高职院校旅游专业“双师型”教师在教学过程中应当保持强烈的工作激情。根据有关的教师生涯理论，教师在从事教学活动时，通常在从业初期保持较为高涨的工作激情，愿意在工作中花费时间和精力去钻研。然而当职业的新鲜感消失后，他们通常较难保持工作激情。

然而，教师作为一种特殊的职业，所面对的学生具有流动性，因此，高职院校旅游专业“双师型”教师，无论在任何时刻，均需要保持较高的工作激情。只有保持较高的工作激情，教师在教学中才能取得良好的效果，才能真正实现教书育人的目的。高职院校旅游专业“双师型”教师在教学中保持工作激情应当树立对教师职业的强烈认同感，从内心深处热爱教师工作；确立明确且积极的工作目的；制定阶段性的工作目标；保持成就动机的激励；设定合理的自我效能感，同时不断进行自我激励。

高职院校旅游专业应当切实加强“双师型”教师的师德培养，将师德培养置于“双师型”教师准入标准和评价的首位，以《高等学校教师职业道德规范》《中共中央 国务院关于全面深化新时代教师队伍建设改革的意见》《国家职业教育改革实施方案》《深化新时代职业教育“双师型”教师队伍建设改革实施方案》等政策作为依据，加强“双师型”教师的思想政治和师德素养培训，不断提升高职院校“双师型”教师队伍的整体师德素养。

二、强化高职院校旅游专业“双师型”教师的教学能力管理

根据《国家职业教育改革实施方案》，高职院校旅游专业“双师型”教师是指同时具备理论教学和实践教学能力的教师，因此，高职院校旅游专业应当不断强化高职院校旅游专业“双师型”教师的教学能力管理。

《职业教育“双师型”教师基本标准（试行）》第三条指出，“双师型”教师应具备相应的理论教学和实践教学能力，掌握先进的教学理念和教学方法，积极参与教学改革与研究，能够采取多种教学模式，有效运用现代信息技术开展教学。

高职院校旅游专业“双师型”教师教学能力涉及专业知识的认知、专业技术的操作、对教学活动的监督和控制，以及对学生学习的指导等多个方面。对此，高职院校旅游专业可以从建立健全高职院校旅游专业“双师型”教师教学能力培养制度体系、优化高职院校旅游专业“双师型”教师教学能力的基础建设、健全高职院校旅游专业“双师型”教师教学能力的发展平台等方面不断提升高职院校旅游专业“双师型”教师的教学能力，确保高职院校旅游专业“双师型”教师队伍的教学能力处于较高水平。

（一）建立健全高职院校旅游专业“双师型”教师教学能力培养制度体系

高职院校旅游专业“双师型”教师队伍的建设，离不开高职院校旅游专业“双师型”教师教学能力的培养。近年来，伴随着我国职业教育的快速发展，“双师型”教师教学能力涉及多个层面，提升高职院校旅游专业“双师型”教师的教学能力仅仅依靠“双师型”教师个人的学习还远远不够。我国有关部门应从全国“双师型”教师教学能力整体性提高的视角出发，进一步建立健全高职院校旅游专业“双师型”教师教学能力培养制度体系。

1. 高职院校旅游专业“双师型”教师教学能力职前培养制度

高职院校旅游专业“双师型”教师教学能力的职前培养是指在“双师型”教师走上教师岗位之前的教学能力培养。“双师型”教师由高职院校优秀的教师选拔而来。而高职院校的教师大多来源于各高职院校旅游专业培养的技能人才。这些技能人才经过长期的教学实践和工作实践，积累了大量的教学理论知识和教学实践知识，取得相关职业资格证书和职称证书，才能成为“双师型”教师。

因此，高职院校旅游专业相关院系应当注重高职院校旅游专业“双师型”教师教学能力的职前培养。例如，创立专门致力高职师资培养的技术师范大学，以满足高职院校师资需要，确保“双师型”教师教学能力培养的连贯性。又如，在一流综合类大学中设立专门职业技术学院，为“双师型”教师教学能力的培养奠定基础。

2. 高职院校旅游专业“双师型”教师教学能力入职培养制度

高职院校教师在入职时，高职院校通常为了在短时间内快速提升教师的教学能力，会举办各种新入校青年教师的教学能力培训班。该培训班在一定程度上为高职院校“双师型”教师教学能力的提升奠定了基础。现阶段，由于各高职院校的新入校青年教师培训班的师资力量不等，开设时长不等，因此培训效果也不尽相同。

对此，我国有关部门可出台相关政策，加强对高职院校新入职青年教师的培训要求，不断提升高职院校青年教师的教学能力，为高职院校“双师型”教师的培养奠定良好的基础，

3. 高职院校旅游专业“双师型”教师教学能力职后培养制度

高职院校旅游专业“双师型”教师教学能力的职后培养是指，当高职院校旅游专业“双师型”教师走上工作岗位之后，我国教育部门或高职院校通过为其提供各种教学能力培训活动，不断提升“双师型”教师

的教学能力。教师教学能力的培养具有整体性和终身性的特点，只有建立健全高职院校旅游专业“双师型”教师教学能力的培养制度体系，才能对高职院校旅游专业“双师型”教师教学能力的培养提供制度保障，也才能不断确保高职院校旅游专业“双师型”教师教学能力培养的针对性、连续性和系统性。

因此，高职院校旅游专业相关院系应当定期开设各类长短期相结合的国家范围内或各地方区域范围内的“双师型”教师教学能力培养课程，以便具有较强上进心和学习力的“双师型”教师不断提升自身的教学水平。

（二）优化高职院校旅游专业“双师型”教师教学能力的基础建设

高职院校旅游专业“双师型”教师教学能力的不断提升不仅需要专门的制度保障，还需要不断优化高职院校旅游专业“双师型”教师教学能力的基础建设。

1. 设立专门的高职院校旅游专业“双师型”教师教学能力发展中心

高职院校旅游专业“双师型”教师队伍建设具有一定的特殊性，为了更好地培养和提升高职院校旅游专业“双师型”教师的整体教学能力，我国教育有关部门和高职院校有必要设立专门的“双师型”教师发展中心，针对“双师型”教师的教学能力培养进行全面和系统的规划。例如，深圳某职业学院，通过建设教师发展中心的方式，不断完善教师的激励机制与约束机制，有效促进了该校“双师型”教师队伍建设，打造了一批深受学生和企业认可的“双师型”教师队伍。

2. 设立专门的高职院校旅游专业“双师型”教师心理健康咨询中心

高职院校旅游专业“双师型”教师与普通高职院校旅游专业教师相比，高职院校旅游专业“双师型”教师往往需要在专业学习方面、教学方面，以及科研方面、行业企业调研和实践方面承担着更重的责任和压力。

对此，我国教育有关部门和高职院校应当设立专门的高职院校旅游专业“双师型”教师心理健康咨询中心，关注“双师型”教师的心理健康状况，定期对“双师型”教师的心理进行辅导，及时为“双师型”教师做好心理疏导与治疗。

高职院校旅游专业“双师型”教师心理健康咨询中心虽然不能直接提升“双师型”教师的教学能力，却能够为“双师型”教师的心理健康提供保障，确保“双师型”教师的教学能力获得良好的发展保障。

（三）打造高职院校旅游专业“双师型”教师教学能力的发展平台

高职院校旅游专业“双师型”教师教学能力的发展不仅包括专业知识和专业理论的发展，还包括实践教学能力的发展。

而高职院校旅游专业“双师型”教师实践教学能力的发展，需要依托健全的发展平台。如校企合作平台、行业协会互利平台、跨高职院校旅游专业教师研讨平台等。

1. 搭建稳定、长效的校企合作平台

高职院校旅游专业“双师型”教师作为产教融合教育的实施主体，其自身应当具备全面的理论素养和实践的能力。搭建稳定长效的校企合作平台，可以为高职院校旅游专业“双师型”教师的实践教学能力提供稳定的支撑。近年来，伴随着我国现代职业教育的不断发展，我国逐渐形成了多种校企结合的形式。例如，引企入校、厂中校、集团办学、校办企业、企业办学等，这些形式均为我国高职院校旅游专业“双师型”教师搭建稳定、长效的校企合作平台奠定了基础。只有充分搭建稳定、长效的校企合作平台，才能为“双师型”教师教学能力的培养提供坚实的依托。

例如，上海某职业学院由继续教育学院牵头，携手酒店管理学院和上海洛桑酒店管理学院，联合锦江国际（集团）有限公司、上海市东湖

（集团）有限公司、上海绿地酒店旅游（集团）有限公司、上海大富贵酒楼有限公司、上海旅游高等专科学校、上海城建职业学院等6家核心成员单位，探索校企合作进行师资培养培训模式，打造了专门的高质量职业教育“双师型”教师培训基地。该校成功入选了《国家级职业教育“双师型”教师培训基地名单（2023—2025年）》的旅游类“双师型”教师培训基地。

2. 搭建互利的行业协会互助平台

行业协会中集中了大量同一行业的优秀企业，能够精准地掌握同行业的最新动态，以及行业走势、行业和企业的需求信息。行业协会起着沟通政府、市场和企业的重要作用，是多方信息沟通的重要纽带。高职院校可以通过多样化的形式与行业协会之间建立稳定的合作关系，并通过行业协会牵线搭桥，与行业内的龙头企业搭建起合作的平台，从而为校企合作助力，进而为高职院校旅游专业“双师型”教师教学能力的培养提供必要条件。

3. 搭建跨高职院校旅游专业教师研讨平台

高职院校之间可以通过搭建战略同盟的方式，充分发挥各自高职院校旅游专业的优势，打破区域和行业的限制，实现优势资源共享，达到取长补短、合作共赢的目的。这里所指的资源共享，既包括共享高职院校旅游专业的图书馆、实验室、实训场地、先进的教学仪器等硬件设备，也包括共享先进的教学管理制度、最新教学信息，以及高水平的师资队伍等。除此之外，高职院校还可以搭建跨高职院校旅游专业“双师型”教师研讨平台，为“双师型”教师走出校门或区域到其他高职院校旅游专业学习与教研活动提供便利，从而有利于高职院校旅游专业“双师型”教师教学水平的不断提升。

三、强化高职院校旅游专业"双师型"教师社会服务能力管理

《职业教育"双师型"教师基本标准（试行）》中强调"双师型"教师应当在实习实训教学、设备改造、技术革新、成果转化等校企合作方面取得较突出成果，取得较为显著的经济效益和社会效益，即强调"双师型"教师的社会服务能力。因此，高职院校旅游专业也应当注重强化"双师型"教师社会服务能力管理。

（一）高职院校旅游专业"双师型"教师的社会服务能力表现

一般而言，高职院校"双师型"教师的社会服务能力主要表现在三个方面。

1. 技术服务

高职院校旅游专业"双师型"教师的技术服务主要指高职院校旅游专业"双师型"教师为企业提供产品开发、技术开发、技术指导服务。

高职院校旅游专业"双师型"教师为"双能"，甚至"三能"教师，既具有较强的专业理论知识，又具有较为丰富的专业实践经验；既了解专业理论前沿发展趋势，又掌握着行业企业的最新发展趋势；既能进行专业理论教学研究，又能进行学生专业实践指导研究，还能进行企业技术研发服务。

高职院校旅游专业"双师型"教师的技术服务能力在一定程度上反映了校企的合作深度。高职院校旅游专业"双师型"教师的技术服务能力在为社会提供各种服务的同时，还能够不断提升"双师型"教师的专业能力。

2. 培训服务

高职院校旅游专业"双师型"教师的培训服务能力是指"双师型"教师面向行业、企业开展各种社会培训，其中包括行业培训、岗前培训、职后培训、转岗培训等。

高职院校旅游专业“双师型”教师掌握着大量专业领域的理论知识，了解专业的最新前沿科技发展趋势，并且具有一定的行业企业生产实践经验，能够将理论与实践结合起来，因此，高职院校旅游专业“双师型”教师具备为社会行业企业提供专业培训的能力。在进行培训服务的同时，高职院校旅游专业“双师型”教师还可以更加深入地了解行业企业生产岗位的具体要求，从而起到不断提升“双师型”教师行业企业实践能力的作用。

3. 文化服务

高职院校旅游专业“双师型”教师是一种特殊的职业教育文化，属于职业教育的亚文化形态。作为一种独特的文化群体，高职院校旅游专业“双师型”教师是掌握着专业技术技能的教育者，起着传播某种特定的职业文化、技术文化的作用，是职业文化和技术文化的象征者和传播者。同时，“双师型”教师具有较强的综合素养，是社会技术技能精神文化的代言人，是社会知识分子中的一员。高职院校旅游专业“双师型”教师承担着将职业教育与民族文化产业、民族工艺设计、民族价值观进行联结，并推动国家职业教育在民族价值观、民族文化产业以及民族工艺设计方面发展的职责。

（二）强化高职院校旅游专业“双师型”教师社会服务能力管理的措施

具体来说，强化高职院校旅游专业“双师型”教师社会服务能力管理可从以下几个方面着手。

1. 健全产学研融合政策

产学研融合作为近年来我国“科教兴国”的主要措施，是高职院校旅游专业“双师型”教师建设的重要政策背景，在推动高职院校旅游专业“双师型”教师社会服务能力的培养方面起着重要作用。

近年来，国务院、发改委、科技部等相关部门出台了大量促进产学研融合发展的政策，其中包括2019年中共中央、国务院发布的《中国教育现代化2035》，2019年我国发改委发布的《关于政协第十三届全国委员会第二次会议第3753号（经济发展类238号）提案答复的函》，2019年工信部发布的关于《加快构建工业互联网人才体系的提案》的答复，2020年教育部发布的《教育部产学合作协同育人项目管理办法》，2021年国家知识产权局和教育部联合发布的《产学研合作协议知识产权相关条款制定指引（试行）》，2021年全国人民代表大会发布的《中华人民共和国国民经济和社会发展第十四个五年规划和2035年远景目标纲要》，等等。这些文件中均涉及产学研融合，大多政策对产学研融合发展起着政策支持作用，个别文件则对产学研融合发展起着引导性作用。

在此基础上我国有关部门还应当进一步完善产学研融合政策，切实解除高职院校和企事业单位合作进行产学研融合的后顾之忧，为培养和提升高职院校旅游专业“双师型”教师的社会服务能力奠定制度基础。

2. 构建高职院校旅游专业“双师型”教师社会服务机制

高职院校作为高职院校旅游专业“双师型”教师培养的直接主体，在培养高职院校旅游专业“双师型”教师社会服务能力方面起着至关重要的作用。

（1）高职院校的人才培养、科学研究与社会服务之间存在较强的密切关系，牵一发而动全身。高职院校的人才培养本质上属于一种特殊的社会服务，能够为社会输出高质量的服务。高职院校的优秀科研成果是社会服务所需的技术支撑。因此，高职院校应当不断优化校企合作制度，才能引导高职院校旅游专业“双师型”教师正确认识人才培养、科学研究和社会服务之间的关系，引导和鼓励高职院校旅游专业“双师型”教师在进行技术研发时，注重技术研发与企业的对接，注重技术研发成果的应用，不断提升高职院校旅游专业“双师型”教师社会服务的能力。

（2）高职院校旅游专业应当进一步建立和健全“双师型”教师进行

社会服务的激励机制。

①构建“双师型”教师社会服务支持制度。高职院校旅游专业应当为“双师型”教师开展社会服务提供时间、信息、经费和实验设施等方面的支持，激励“双师型”教师在完成校内授课和科研任务之余积极参与社会服务，不断提升社会服务能力。

②构建学术成果转化激励制度。高职院校旅游专业还可以通过出台相关的政策文件，将高职院校旅游专业“双师型”教师开展社会服务的业绩作为“双师型”教师晋升、评优、评奖的重要条件。例如，某职业学院将社会服务纳入该校职称评聘工作方案之中，其中规定了技术被企业应用达到一定数额或3年内项目交易达到一定数额，或为地方政府编撰相关报告、参与制定行业标准或地方标准等行为可以作为教授评审条件。

此外，高职院校旅游专业还可通过有关政策对积极开展社会服务的“双师型”教师给予一定的经济激励，以充分激发“双师型”教师开展社会服务、不断提升社会服务能力的积极性。

3. 健全高职院校旅游专业“双师型”教师服务平台

为了提升高职院校旅游专业“双师型”教师的社会服务成效，切实提升高职院校旅游专业“双师型”教师的社会服务能力，高职院校旅游专业应当进一步健全“双师型”教师社会服务平台，通过完善的平台搭建，为高职院校旅游专业“双师型”教师提供进行社会服务的多样化机遇。

（1）健全高职院校旅游专业“双师型”教师综合服务平台。高职院校旅游专业“双师型”教师社会服务能力的提升离不开高职院校旅游专业的人力、物力和财力支持。高职院校旅游专业可以充分利用其资源，为“双师型”教师构建集政策、生产、学术、科研、实践为一体的综合服务平台，为“双师型”教师创造深入相关行业企业进行实践、研究的机遇。

健全高职院校旅游专业“双师型”教师综合服务平台，能够为“双师型”教师提供进行社会服务所必需的信息。同时，高职院校旅游专业“双师型”教师综合服务平台还能够合理协调“双师型”教师进行企业实践和社会服务的时间、场所，以及方式和方法，为“双师型”教师开展社会服务活动提供必要的政策支持和其他必不可少的支持。

（2）健全高职院校旅游专业“双师型”教师科创平台。高职院校旅游专业“双师型”教师具有较强的专业优势，个体“双师型”教师的研究方向通常具有一定的局限性。而高职院校旅游专业内部汇集了大量各个专业领域的“双师型”教师，或同一专业不同细分领域的“双师型”教师，这些均为高职院校珍贵的智力资源。高职院校旅游专业可充分利用其智力资源构建基础科研平台。具体来说，健全高职院校旅游专业“双师型”教师科研平台则是以高职院校旅游专业内部的科研人才、实验设备和科研项目作为依托，构建多专业融合的创新研发平台，通过多专业领域“双师型”教师的通力合作，汇聚高职院校旅游专业的优势智力资源，共同培育创新成果，为“双师型”教师创造与其他优秀的业内人才合作和学习的机会，从而在提升高职院校旅游专业整体社会服务能力的基础上，达到提升个体“双师型”教师社会服务能力的目的。

除了基础科研平台之外，高职院校旅游专业还可以借助自身的智力资源、设备资源、信息资源等与区域内的科研院所、行业龙头企业、特色企业等共同打造区域范围内的创新平台，通过研发新产品、开展技术攻关、为企业提供咨询建议等途径，为高职院校旅游专业“双师型”教师构建社会服务平台，在输出科研成果的同时，提升“双师型”教师的社会服务能力。

（3）健全高职院校旅游专业“双师型”教师技术服务平台。高职院校旅游专业通过健全“双师型”教师技术服务平台，为高职院校旅游专业“双师型”教师深度参与校企产学研合作提供技术信息和技术平台。

例如，搭建科技创新团队、技术孵化中心、重点技术实验室、科研机构技术服务平台等，在将科研成果产业化或促进企业技术升级迭代的同时，不断提升高职院校旅游专业“双师型”教师的社会服务能力。

（4）健全高职院校旅游专业“双师型”教师信息服务平台。受职业教育的性质影响，高职院校旅游专业“双师型”教师只有充分加强与业内人士的交流与合作，明确企业技术需求信息才能及时掌握行业一手资料，了解行业发展趋势，更好地开展社会服务。高职院校旅游专业只有健全“双师型”教师信息服务平台，通过及时发布区域、全国乃至世界范围内高职院校技能名师、科研信息以及授权专利成果、大型实验设备类型以及企业技术需求信息等，才能推进“双师型”教师与业内人士的交流与合作，才能为高职院校旅游专业“双师型”教师社会服务能力的提升奠定基础。

四、强化高职院校旅游专业“双师型”教师国际化能力管理

近年来，伴随着全球旅游业不可阻挡的发展态势，我国入境旅游和出境旅游业务的发展，以及职业教育国际化的发展趋势对我国高职旅游人才的国际化能力要求越来越高。这一市场人才需求，对我国高职院校旅游专业“双师型”教师国际化能力的培养提出了新的历史要求。

2020年，教育部等九部门发布了《职业教育提质培优行动计划（2020—2023年）》，其中指出，实施职业教育服务国际产能合作行动，要求加快培养国际产能合作急需人才，提升职业教育国际影响力，具体包括国际优质资源引进与本土化、开发国际通用的职教标准、培养服务国际产能合作的国际化技术技能人才、促进中外人文交流、开展国际职业教育服务和培育有国际影响力的专业群、带头人等。

强化高职院校旅游专业“双师型”教师国际化能力管理可从以下几个方面着手。

（一）强化高职院校旅游专业“双师型”教师的国际化思维认知

高职院校旅游专业应当结合我国“双高计划”国际化建设的目标、任务以及高职院校的办学实际，不断研制符合高职院校旅游专业办学定位与发展特色的教师国际化能力培养规划，制定“双师型”教师国际化能力提升中长期规划，为“双师型”教师提供良好的国际化能力提升的政策保障。同时建立健全“双师型”教师的国际化能力培养的培训、考核、评价和激励机制。

高职院校旅游专业在加强“双师型”教师国际化能力的建设过程中应当进一步引导“双师型”教师科学、正确地理解个体教师的国际化能力与高职院校国际化能力之间的关系，引导高职院校旅游专业“双师型”教师深刻认识到国际化能力培养对高职院校的长远发展以及“双师型”教师个体长远发展的影响，不断强化高职院校旅游专业“双师型”教师的国际化思维认知，提升高职院校旅游专业“双师型”教师在国际化能力建设方面的认同度，主动积极地参与高职院校的国际化项目实践，在具体的实践中，不断提升高职院校旅游专业“双师型”教师的国际化能力。

（二）进一步引进国际先进的旅游专业教育资源

近年来，我国高职教育的发展，尤其是“双高”计划的发布，为我国高职教育国际化的发展奠定了良好的基础。在全球职业教育快速发展的前提下，高职院校旅游专业若想获得良好的发展机遇，必须立足自身的优势特色专业，通过与国际先进的职业教育院校或机构开展合作，积极建设与国际产能结构相适应的职教资源体系。具体来说可从以下几个方面着手。

1. 对标旅游专业的国际标准，构建本校职业教育的相关标准

通过引进国际先进的职业资格认证体系，结合本校旅游专业情况引

进国际专业标准以及课程体系和人才培养方案，引导本校旅游专业"双师型"教师对标旅游专业的国际标准，构建本校旅游专业职业教育的相关标准，在此过程中能够加强高职院校旅游专业"双师型"教师对旅游专业国际教学领域的深入了解，从而起到提升高职院校旅游专业"双师型"教师教学能力的作用。

2. 与旅游专业相关的国际院校或机构合作，引进教育资源

引进国际教育资源后，针对相关教育资源，应当结合本校的教学实际，进行国际教育资源的本土化改造，以便构建适合本校的专业标准、课程标准、课程体系和本土教材，在这一过程中，高职院校旅游专业要引导"双师型"教师参与，培养和提高"双师型"教师的国际化教学能力。在使用国际教育资源进行教学的过程中，高职院校旅游专业要激励"双师型"教师对原有资源进行创新，使其形成富有中国特色、兼具国际标准的教育资源，打造中国的职业教育国际品牌。

（三）与国内外教育机构开展多样化的教学合作

高职院校应当结合实际办学需求，与国内外教育机构开展多样化的教学合作。例如，开展中外合作办学项目、国外人员文化技能培训、"双师型"教师海外教学和培训，以及留学生学历教育等方式，能为高职院校旅游专业"双师型"教师积累国际化教学经验提供机遇，使高职院校旅游专业"双师型"教师在具体的教学实践中充分了解相关专业领域国际化的教学环境、教学对象、教学内容和教学方法，提升高职院校旅游专业"双师型"教师的外语水平以及信息化教学水平，不断通过积累国际化教学实践经验而提升高职院校旅游专业"双师型"教师的国际化教学能力。

（四）打造高职院校旅游专业“双师型”教师的海外培养平台

1. 与实力企业合作，开展跨国合作项目

高职院校可与旅游专业相关领域的外资企业、跨国企业开展合作，定期派遣旅游专业“双师型”教师到跨国企业的海外分公司开展专业培训，或参与产教融合等项目，为高职院校旅游专业“双师型”教师提供走出国门到国际环境中与企业进行合作的机遇。

无论是从事培训、科研等社会服务活动，还是开展校企合作项目，均能够为高职院校旅游专业“双师型”教师提供面向海外真实生产环境的能力培养平台，使得高职院校旅游专业“双师型”教师有机会将自身所掌握的专业理论知识与企业的海外部门、机构的生产活动相结合，在应用自身的专业为企业提供服务的同时，学习海外企业的新技术、新工艺、新标准和新规范，并不断将其转化为自身的技能，在实践中提升自身的国际化能力。

2. 与跨国企业合作，建立校企科技创新平台

跨国企业所面临的生存环境并不局限于国内，而是需要参与国际社会的竞争。高职院校可与具有实力的跨国企业合作，建立校企科技创新平台，使高职院校旅游专业“双师型”教师依托校企科技创新平台进行创新工作。高职院校旅游专业“双师型”教师可以通过与跨国企业的科研部门协作，共同开展课题研究、产品研发、技术创新、成果转化以及智库咨询等专业服务，使得高职院校旅游专业“双师型”教师得以感受真实的国际竞争环境，并在真实的项目参与中不断提升自身的国际化专业能力。

3. 通过鼓励高职院校旅游专业“双师型”教师或组织学生参加世界技能大赛的方式，不断提升高职院校旅游专业“双师型”教师的国际化专业能力

近年来，伴随着全球范围内职业教育的快速发展，各种世界技能大赛活动越来越多，世界技能大赛活动通常代表着某一专业领域的世界最高技术标准。

“双师型”教师在带领学生参加世界技能大赛的过程中，必然会对学生的理论、实践知识进行培训，在这一过程中，“双师型”教师自身的国际化专业能力也可以得到大幅提升。

（五）创造高职院校旅游专业“双师型”教师的国际交流环境

高职院校，可通过搭建交流平台、开设相关课程等方式，不断拓宽高职院校旅游专业“双师型”教师的交流范围，为高职院校旅游专业“双师型”教师创造良好的国际交流环境，不断提升“双师型”教师的国际化交流能力。

1. 不断拓宽高职院校中外人文交流渠道，提升“双师型”教师的跨文化交流自信

高职院校“双师型”教师的国际化交流能力不仅要求“双师型”教师具备较高的外语知识，同时，还要求“双师型”教师具备跨文化交流的能力。在跨文化交流的过程中，“双师型”教师应当掌握跨文化思维，克服文化差异带来的交流困境。由于不同民族的文化之间存在价值观差异、思维差异和语言差异等，高职院校旅游专业“双师型”教师如果不具备较强的跨文化交流能力，则易陷入跨文化交流困境。

对此，高职院校可通过将“走出去”与“引进来”工程相结合的形式，不断提升高职院校旅游专业“双师型”教师的文化自信，在为高职院校旅游专业“双师型”教师搭建国际交流平台的同时，通过国际双向

交流，不断增强“双师型”教师的国际化交流能力。

2. 通过开设相关的国际文化通识课程，不断提升“双师型”教师的跨文化理解能力

高职院校旅游专业“双师型”教师跨文化交流过程中，应当充分认识到不同国家和民族价值观的差异。价值观是在特定的民族文化影响下形成的，具有相对稳定性和持久性的特点。因此，高职院校旅游专业在培养“双师型”教师的国际化交流能力时，可通过开设相关国际文化通识课程的方式，介绍相关国际法规、国际礼仪，以及相关行业的全球贸易情况等，不断提升“双师型”教师的跨文化语言交流能力，有效提升“双师型”教师的跨文化理解能力，进而提升“双师型”教师的国际化交流能力。

综上所述，高职院校旅游专业“双师型”教师的管理应当切合教育部办公厅发布的“双师型”教师的评价标准，同时，从标准入手，不断提升高职院校旅游专业“双师型”教师的水平，调动高职院校旅游专业“双师型”教师的积极性。

第五章　“三教”改革背景下高职旅游专业教材建设

第一节 “三教”改革背景下高职旅游专业教材改革的必要性

教材是教育教学活动得以展开的关键因素，“三教”改革背景下，我国高职旅游专业教材也面临着改革。本节主要对“三教”改革背景下高职旅游专业教材改革的必要性进行阐释。

一、高职旅游专业教材改革符合我国职业教育产教融合的发展趋势

职业教育是我国高等教育的重要组成部分，产教融合是职业教育区别于其他类型高等教育的重要特征。产教融合人才培养模式是将生产与教育有机结合起来，实现理论知识的传授与实践知识传授的有机协调与融合，提高人才的实践能力。

进入21世纪以来，我国逐渐进入社会经济体制改革的深化期、促进经济转型升级的关键攻坚期，伴随着数字技术的更迭换代，人工智能、大数据以及物联网等新兴产业发展迅速，传统农业和工业制造业逐渐转型升级，在此历史时期，我国迫切需要产教融合的创新人才。

产教融合将教育系统和产业系统有机结合起来，形成一个新的开放的系统。作为数字智能时代人才培养模式之一，产教融合不但可以让企业加入高等教育人才培养之中，而且可以通过校办企业的方式为高校学生提供实践平台，为培养产学结合的应用性和实践性人才培养提供良好途径。

产教融合的人才培养模式经历了多个发展阶段。最早源于联合办学，后经过产教结合、工学结合、校企结合等逐渐发展至产教融合（表5-1）。

表 5-1　我国产教融合人才培养模式的发展轨迹一览表

阶段	政策 / 文件	侧重点
第一阶段 联合办学阶段 （1978—1992）	《关于中等教育结构改革的报告》《关于改革城市中等教育结构、发展职业技术教育的意见》《关于教育体制改革的决定》等	强调学校与企业的联系与合作，出现了多所隶属企业的职工大学
第二阶段 产教结合阶段 （1992—2001）	《面向 21 世纪教育振兴行动计划》等	强调职业院校要通过产教结合使学生更多地参与实践、掌握技能
第三阶段 校企合作阶段 （2002—2013）	《关于大力发展职业教育的决定》	倡导推行工学结合、校企合作的人才培养模式
第四阶段 产教融合阶段 （2013 年至今）	《现代职业教育体系建设规划（2014—2020 年）》《国务院办公厅关于深化产教融合的若干意见》《职业学校校企合作促进办法》《国家职业教育改革实施方案》	将“产教融合”作为职业教育发展的核心，推动产教融合人才培养模式落地

近年来，为落实国家产教融合这一战略性举措，国家各部委出台多项产教融合政策。

2017 年，国务院办公厅发布的《关于深化产教融合的若干意见》指出，深化产教融合，促进教育链和专业链同产业链、创新链有机衔接。

2019 年，中华人民共和国国家发展和改革委员会（以下简称国家发展改革委）发布的《建设产教融合型企业实施方法（试行）》指出，省级政府要落实国家支持企业参与举办职业教育的各项优惠政策。

2019 年，国家发展改革委发布的《国家产教融合建设试点实施方案》指出，建立产教融合型企业制度和组合式激励政策体系。

2020 年，教育部、国家发展改革委等九部门联合发布的《职业教育提质培优行动计划（2020—2023 年）》指出，深化职业教育产教融合、校企合作，健全以企业为重要主导、职业学校为重要支撑、产业关键核心技术攻关为中心任务的产教融合创新机制。

经过多年的实践经验，产教融合人才培养模式已然成为我国高等教育院校的主要人才培养模式，并逐渐形成了五种具体模式（表 5-2）。

表 5-2 产教融合模式一览表

序号	模式	说明
1	引企入校	引企入校的人才培养模式是指学校通过引入企业的人才、设备和培训体系等资源，通过校企共建生产性实训基地的方式对企业的实际生产环境进行模拟教学，从而提升学生的职业能力，提升人才培养质量
2	厂中校	厂中校的人才培养模式是指高职院校为企业提供优质的人力资源，在满足企业用工需求的同时，给企业提供技术咨询，协助企业技术升级与发展。对于高职院校来说，学生在真实的生产环境中提升了技术应用能力，教师在企业实践中补足了实践短板，从而实现校企合作的双赢
3	集团办学	集团办学是指由多元主体共同组建，实现职业教育各类资源开放共享，形成专业链、产业链、岗位链、教学链的衔接，进而构建系统的技术应用人才体系，培养高职应用型人才。集团办学具体又可划分为三种类型，即区域型职教集团、行业型职教集团、跨区域跨行业职教集团
4	校办企业	校办企业，顾名思义是指高职院校通过兴办企业的方式培养人才的模式，校办企业既对外经营，同时又是学校学生的实践基地
5	企业办学	企业办学是指企业在国家教育部门的批准下作为投资人开办职业院校培养人才的一种方式。企业办学模式对企业规模、资质等方面有着严格要求

近年来，我国高职旅游教育也不断朝着深化产教融合的方向发展。而产教融合的教育方式与高职传统旅游教育方式发生了较大变革。无论高职旅游院校或高职院校中的旅游专业与企业开展何种模式的合作，其教材均面临着改革的趋势。从这一视角来看，高职旅游专业教材改革符合我国高职教育产教融合发展的趋势。

二、高职旅游专业教材改革符合智慧旅游的发展趋势

近年来，伴随着云计算技术、物联网技术、大数据技术、移动互联网技术、人工智能技术等现代信息技术的兴起和快速发展，智慧旅游兴起并逐渐替代了传统旅游业态，成为现阶段以及未来旅游发展的新趋势。

（一）智慧旅游具有独特的社会功能

智慧旅游与传统旅游业态相比，具有独特的社会功能，主要体现在旅游资源整合、公共服务、应急救援、社会治理等方面。

1. 智慧旅游的资源整合功能

智慧旅游以物联网、大数据等技术为基础，将旅游相关资源整合在一起，其不是对单一旅游资源的利用，而是有机整合了各类旅游资源，并且在智慧旅游的发展中除了对旅游资源的整合之外还会对其他社会资源进行整合。例如，智慧旅游中的旅游企业可以借助信息技术对旅游产品资源、旅游技术资源、旅游市场资源、旅游人力资源等进行整合；旅游管理机构则可借助信息技术对包括土地资源、媒体资源、信息资源等在内的各种社会资源进行整合，将各种各类社会资源进行优化整合，以提高资源的利用率，创造更大的社会价值，最终达到提升智慧旅游社会实效的目的。

2. 智慧旅游的公共服务功能

智慧旅游的服务对象不仅包括旅游消费者和旅游企业，还包括主管旅游的政府组织机构。而政府机构构建智慧旅游体系的出发点就是为社会提供公共服务。智慧旅游体系建立后，在为旅游消费者和旅游企业提供便利的同时，还能够为社会公众提供各类服务。例如，城市交通引导系统、安全事故预警系统等，均可为社会公众提供相关公共服务。从这一角度来看，智慧旅游具有较强的公共服务功能。

3. 智慧旅游的应急救援功能

智慧旅游的应急救援功能主要体现在发生公共危机时的救援方面。旅游活动作为一种复杂性和综合性较强的社会活动，一旦发生公共危机事件将会对旅游消费者或旅游企业、旅游相关领域造成较大影响，此时即可体现智慧旅游的应急救援功能。智慧旅游的应急救援功能主要借助物联网、云计算和互联网等信息技术实现。当发生公共危机时，处于公共危机中的旅游消费者或旅游企业工作人员可以借助移动互联网终端智能设备，如手机、智能穿戴设备等，对外发出求救信号，将自身所处的危机情况发布出来，让更多人了解，从而体现出智慧旅游信息接收功能。这些求救信号被旅游景区或交通中无所不在的物联网监控设备或通信设备获取后及时传播给有关部门，便于有关部门及时组织救援活动，从而化解危机，体现出智慧旅游的联动功能。智慧旅游体系在危机发生时可以在短时间内将相关信息发布出来并扩散到整个社会，体现出智慧旅游的信息扩散功能。通过信息传播和接收、联动和扩散功能，智慧旅游的应急救援功能得以较为系统地体现，从而达到预防重大公共危机事件发生、减少公共危机的损失、保护人民的生命财产安全的目的。

4. 智慧旅游的社会治理功能

智慧旅游的社会治理功能主要体现在智慧旅游的信息发布与传播、旅游消费者旅游体验评价等方面。智慧旅游能够借助信息技术实现信息发布、共享和接收等功能。旅游消费者不仅可以借助智慧旅游体系及时了解和获取旅游信息，在旅游活动中或旅游活动结束后，还可以借助智慧旅游体系分享旅游体验，揭露旅游活动中旅游企业、饭店、住宿、交通等相关部门的不法行为，从而有利于旅游行业的政府主管部门采取相应的措施对旅游活动中的不法现象进行治理，传播社会主义道德观和法律观，从而实现智慧旅游的社会治理功能。

（二）智慧旅游具有独特的经济功能

智慧旅游除具有较强的社会功能外，还具有较强的经济功能。智慧旅游的经济功能主要体现在促进线上旅游业务的开展、提升旅游企业的竞争优势等方面。

1. 促进线上旅游业务的开展

传统旅游活动中经济功能的体现大多集中于线下经营模式，当旅游消费者产生旅游意愿时通过需要前往旅行社获得相关旅游信息并进行旅游产品和服务订购，之后，旅游消费者在旅游实践活动中可前往旅游酒店、购物商店、旅游目的地现场等地进行产品或服务购买。在旅游产品和服务购买前，旅游消费者较难获得充分的旅游消费相关信息。由此可见，传统的旅游活动中呈现出旅游市场信息不透明的现象，旅游消费者在旅游活动中产生的经济行为需要借助旅行社等旅游中介机构实现。这种传统的旅游消费不利于旅游消费者做出旅游信息获得和旅游消费决策的最优选择，在一定程度上抑制了旅游消费者的旅游需求。而智慧旅游则借助信息技术实现了旅游信息线上发布、共享和传播，使旅游消费者在进行旅游消费之前即可较为便捷地从网络平台上获取相关的旅游消费信息，明确旅游活动过程中各项活动的具体花费，便于旅游消费者进行旅游预算控制。此外，智慧旅游的建设还可以为旅游消费者提供个性化的旅游服务，旅游消费者还可自主选择线上预订或线下消费等多种消费方式。旅游企业线上旅游业务的开展为旅游者提供了较强的自主性、个性化和便利性，有利于刺激旅游消费，提升旅游者旅游消费意愿。

2. 增加旅游企业的竞争优势

智慧旅游建设需要进行相应的基础设施和设备建设，还需进行相应的技术购买和人才培养，从经济发展的角度来看，智慧旅游需要政府和旅游企业增加固定成本投入。然而，这种短期内增加的固定成本可以较大提升旅游企业的市场竞争力，从这一角度来看，智慧旅游建设中的成本投入可视为企业的增值投资，能够为旅游企业带来长期收益。除此之外，智慧旅游建设可以提升旅游企业的信息传播与共享，便于旅游企业直接与旅游消费者进行沟通和交流，从而更加精准地了解旅游消费者的旅游需求，并且为旅游消费者提供具有个性化的旅游产品和服务，及时获取旅游消费者的意见和建议并进行旅游产品和服务创新与改进，从而树立旅游企业的良好形象，提升旅游消费者的旅游意愿，维护与旅游消费者之间的关系，最终达到提高旅游企业经济效益的目的。

（三）智慧旅游具有独特的文化功能

智慧旅游作为优化公众旅游服务的重要渠道，除具有较强的社会功能和经济功能外，还具有较强的文化功能，主要体现在物质文化、制度文化、行为文化、精神文化等方面。

1. 物质文化

智慧旅游建设中使用的物联网、大数据和云计算等技术大多会被旅游消费者感知，而政府和企业在智慧旅游建设中进行的建筑物建设、设施建设等则是承载信息技术的直接物质载体，这些物质载体可以建设成为科技与旅游相结合的科技实物、特色建筑、特色设备等，这些直接的物质载体作为科技文化的体现能够被旅游消费者直接感知，从而形成一种独特的物质文化。例如，旅游景区中科技感强的特色建筑、特色设备等，均承载着较强的实体文化。

2. 制度文化

智慧旅游作为一种技术建设，并不存在明确的制度，然而智慧旅游建设中暗含着一定的制度文化认同。智慧旅游建设中，政府和旅游相关企业在发布旅游信息时，也倡导旅游活动中各个利益相关者之间均应主动学习和了解相应的法律法规、道德规范和行为准则，并且在旅游活动中遵守相关法律制度和行为规范。智慧旅游制度文化对旅游活动中的各个利益方具有较强的约束作用，在旅游活动中一旦出现不符合法律法规和道德规范的现象，即可运用法律和相关制度进行解决，形成法制与德治相结合的、便于人们自觉遵制守法的文化。例如，旅游消费者在旅游活动中出现的在文物上刻字、随意攀折景区珍贵花卉等行为，会受到社会的道德谴责；又如，旅游饭店或旅行社、旅游购物场所出现的宰客行为，则会受到相关法律的制裁。

3. 行为文化

智慧旅游改变了传统旅游方式，推动了人们旅游行为文化的发展与变迁。传统旅游活动中，旅游消费行为主要发生在线下。旅行社往往承担着替旅游消费者购买景区门票、安排旅行路线和交通、导游，以及挑选购物门店等事宜，旅游消费者的旅游活动受到旅行社的较大约束。智慧旅游改变了传统的旅游方式，提高了旅游消费者的旅游自主性和个性化。智慧旅游时代，旅游消费者的消费行为从线下转移到了线上，从依赖旅行社到增强自主性，从之前以旅行社组织为主的团体游发展为以旅游消费者为主的自助游；从传统旅游时代的旅游景区以人工导游讲解为主，到智慧旅游时代人工导游讲解和智能设备讲解相结合。以上旅游行为方式随着智慧旅游的发展而发生了改变，形成了独特的旅游行为文化。

4. 精神文化

智慧旅游以现代信息技术作为核心，现代信息技术本身并不能改变人类的精神文化，也不能强化精神文化，却能够起到推动现代信息和文化旅游精神文化发展的作用。智慧旅游可通过推动旅游的发展促进精神文化功能的形成。智慧旅游中的精神文化主要表现在倡导文明旅游、保护生态环境、弘扬爱国精神等方面。智慧旅游借助信息技术能够对旅游主体在旅游活动中的行为起到监督的作用，可以起到倡导文明旅游的作用；智慧旅游时代，旅游消费者对旅游信息的获取、路线规划和门票预订等可在线上完成，在一定程度上减少了污染和浪费，在一定程度上倡导和传播了生态旅游文化；无论是传统旅游时代还是智慧旅游时代，旅游消费者在进行国内旅游活动，饱览祖国大好河山时均能够激发旅游者的爱国主义热情和爱国主义精神，倡导爱国文化和爱国文明。

（四）智慧旅游具有独特的科技功能

智慧旅游以信息技术为基础，具有独特的科技功能，智慧旅游的科技功能主要表现在两个方面。

一方面，智慧旅游的建设和发展能够推动信息科技和设备终端技术的发展。智慧旅游以云计算、大数据、互联网、移动通信技术等技术为依托，因此，智慧旅游的建设和发展必然能够推动信息科技核心技术在旅游业的广泛应用。旅游业作为一个综合性强的行业，涉及多个社会行业和领域。因此，智慧旅游的发展必然推动现代信息科技核心技术的应用，在社会上形成示范效应，引发其他行业效仿跟进。智慧旅游的建设和发展需要大量智慧终端设施接收智慧旅游的信息，因此，智慧旅游的发展在客观上推动了设备终端技术的发展，继而推动了整个旅游行业以及旅游相关服务行业的设备终端技术发展。

另一方面，智慧旅游建设能够推动技术创新与研发。近年来，随着我国社会经济的发展，以及旅游消费者需求的发展，对智慧旅游提出了更高要求，从而加快了智慧旅游的技术创新。

（五）智慧旅游具有独特的环境功能

智慧旅游还具有环境功能，主要体现在提高生产效率、提升公众素质、加强环境保护等。智慧旅游以信息技术为核心，极大地减少了旅游活动中的人力、物力和财力，从而节省了大量资源，减少了资源消耗，从而提高了旅游行业生产效率，节约了资源，推动了友好型社会环境的建设。

旅游活动是一种公众性较强的活动，在智慧旅游时代，旅游消费者和旅游企业以及旅游相关服务单位的行业，受到的监督更严，一旦旅游消费者或旅游企业等在旅游活动中出现不文明行为，则极易被通过互联网信息技术公布到网络上。因此，智慧旅游时代在客观上提升了旅游者和旅游行业工作人员的素质，增强了公众的环保意识。除此之外，旅游消费者在旅游过程中通过接触不同的文化与人群，受旅游目的地环境的影响，也会相应地改变自身素质。

例如，当旅游消费者到生态环境保护程度较高的景区进行游览时，旅游消费者的生态意识也会得到相应提升。智慧旅游可以加强环境监测和环境治理，并且对旅游景区的生态环境的状况进行跟踪，从而在客观上起到保护生态环境、减少环境破坏的作用。

从智慧旅游的独特功能来看，智慧旅游对传统旅游业态具有较强的颠覆性。高职旅游专业作为培养适应未来旅游市场应用型和技能型人才的教育机构应当根据旅游业态的变化对教材进行必要革新。从这一视角来看，高职旅游专业教材改革符合智慧旅游发展的趋势。

三、高职旅游专业教材改革符合互联网时代教学环境的变化趋势

自20世纪90年代以来，伴随着互联网时代的到来，教学环境发生了较大变化。尤其是近年来，智能手机和家用电脑的普及，使得学生的学习环境发生了较大变化。传统学习环境下，课堂是学生接受专业知识的唯一途径，而在互联网时代，学生除了通过课堂学习知识之外，还可以借助互联网进行学习。

互联网上的学习资源具有海量性、无时间限制、内容丰富等特点。教育部教育管理信息中心等机构发布的《2020年中国互联网学习发展报告》显示，互联网已经开始改变已有的教育组织体系，全新的育人空间正在生成，社会对互联网学习的认识产生了变化。中国教育正处在一场

基于信息技术的伟大的变革中，“互联网＋教育”成为时代必然。

而互联网时代学习环境的变化，导致互联网时代教学环境发生了新变化。这对高职旅游专业教材提出了新的要求。从这一视角来看，高职旅游专业教材改革符合互联网时代教学环境的新变化。

综上所述，“三教”改革背景下，高职旅游专业教材改革符合我国职业教育产教融合的发展趋势、智慧旅游的发展趋势以及互联网时代教学环境的变化趋势，具有较强的必要性。

第二节 “三教”改革背景下高职旅游专业教材建设的理念

“三教”改革背景下，我国高职旅游专业教材建设应当遵循一定的理念。本节主要对此进行详细分析。

一、能力本位教育理念

（一）能力本位教育概念及特征

能力本位教育是指围绕职业工作岗位所要求的知识、技能和能力组织课程与教学的教学体系，也是把培养学生的职业能力作为职业技术教育根本目的的教育思想，在西方国家比较流行。其通常采用DACUM课程开发模式，将明确、具体的行为化教学目标，作为实施教学的依据和评价学生的标准。[①]

能力本位教育，核心便是从社会对于职业岗位的本身需求出发，确定职工的能力目标。其通过学校聘请行业之中有经验的专家及教职工组

① 黄亚丽．能力本位下的国际贸易实务双语课程教学改革研究[J]．现代职业教育，2019（19）：162-163.

成专门的委员会，按照岗位群的需要，层层进行优化和筛选，从而得到职工从事行业所应该具备的能力，并且还要能够明确培养目标。

能力本位强调将人才的能力培养作为教学的基础目标，对入学的学员原有的经验及所获得的能力进行一定考察之后再形成能力的承认，在考评时要求采取灵活多样的办学方式，强调严格的科学管理。

能力本位教育针对不同时间段招收的不同原有经验的学员，提供不同的教学方法、课程设置、教学实践和时间的安排等。这里便有了我国自古传承的"因材施教"教学方式的味道，可以说与之具有极大的相似之处。在此基础之上，课程可以结合学生批次能力不同而安排。同样毕业时间也可以不一致。能力本位教育可做到小批量、多品种、高质量，这便打破了传统方式。

20 世纪 60 年代以后，能力本位教育形成了一股世界范围的职业教育和培训思潮。其是以能够重新获得岗位操作能力作为对职工的培养目标，提倡以能力为基础的职业教育体系。在这个时间段及以后，其风靡欧洲多国。到了 20 世纪 90 年代初，能力本位职教思潮又经加拿大的引介登陆中国。由于能力本位教育显著的优越性，它引起了世界范围内的广泛关注，曾一度成为世界职教教学改革的发展方向和国际上颇为流行的职教改革思潮。①

能力本位教育理念是从教育的能力本位价值观为出发点，以培养学生的实践能力和创新精神，提倡个体个性的培养和发展的一个过程。值得注意的是，进入 21 世纪后，伴随着知识经济时代的到来，知识的更新换代速度加快，个体一生可能需要更换多个职业。对此，高职教育在培养人才时，通常以能力本位教育理念为基础，强调对学生职业核心能力

① 陈晶．工匠精神视域下民办高校学生职业能力教育路径研究 [J]. 中外企业家，2019（14）：154-155.

的培养。

（二）坚持能力本位理念开发旅游专业教材的意义

自21世纪以来，我国职业教育正处于一个新的历史起点，职业教育在经历了多年的高速发展之后，开始回落至平稳增长并转入提高质量、优化结构的可持续发展阶段。现阶段，伴随着我国旅游经济的不断朝着个性化和多元化的方向发展，旅游新业态层出不穷。高职旅游专业教材在开发时，应当坚持能力本位的理念，强调对旅游专业人才核心能力的培养，以便使旅游专业人才的能力得到全方位的锻炼。

1. 坚持能力本位理念开发旅游专业教材有利于实现校企融合

校企融合是高职旅游专业培养应用型人才的重要途径，而坚持能力本位理念，有利于旅游专业教材兼顾旅游专业的必要理论与企业实际需要人才的能力，确保旅游专业人才培养目标的实现，

2. 坚持能力本位理念开发旅游专业教材有利于培养旅游专业人才的职业核心能力

职业能力是个体适应社会环境的一种核心能力，包括交往能力、分析能力、思考能力、管理能力、创新能力、个人的人生价值的定位以及世界观和人生观等。职业能力的培养具有一定的定向性，即个体的职业能力与其工作内容和工作领域之间存在紧密联系。职业能力通常表现为特定的职业能力，在具体的就业岗位或业务范围中个体表现出来的各项技能或能力的总和即属于特定的职业能力。

此外，职业能力还是一种个体的综合素质，可以划分为职业基本能力、职业专业能力、职业核心能力（表5–3）。

表 5-3 职业能力类型一览表

序号	类型	内涵	备注
1	职业基本能力	职业基本能力是个体在社会活动或者岗位业务中必须具备的一种较为普遍的能力，这种能力具有较强的可迁移性，能够适应不同的工作或者环境	在现代社会中，个体基本上都具备这种普遍的职业能力，比如，交际能力、知识能力、责任意识以及是非判断能力等
2	职业专业能力	职业专业能力具有明确的针对性，主要是针对具体的岗位或者业务表现出来的能力，这也是个体在从事岗位技术性操作中所必备的能力	主要包括岗位或者与业务相关的专业知识、生产加工的工艺流程、产品设备的维护检修以及新技术的创造应用等
3	职业核心能力	职业核心能力实质就是一种职业能力的升华，其具有较强的通用性，能够适应不同的行业	在现代社会中，这种超范围的关键能力正是比较急缺的一种职业能力

其中，职业核心能力是人们职业生涯中除岗位专业能力之外的基本能力，其可以适用于各种职业，使个体适应岗位的不断变换，是伴随个体终身的可持续发展能力。职业核心能力可以划分为职业方法能力和职业社会能力两种类型（表 5-4）。

表 5-4 职业核心能力类型一览表

序号	类型	内涵	特点
1	职业方法能力	职业方法能力是指主要基于个人的，一般有具体和明确的方式手段的能力，它主要指独立学习、获取新知识技能、处理信息的能力	职业方法能力是劳动者的基本发展能力，是在职业生涯中不断获取新的知识、信息、技能和掌握新方法的重要手段，包括“自我学习”“信息处理”“数字应用”等能力
2	职业社会能力	职业社会能力是指与他人交往、合作、共同生活和工作的能力	职业社会能力既是基本生存能力，又是基本发展能力，它是劳动者在职业活动中，特别是在一个开放的社会生活中必须具备的基本素质，包括“与人交流”“与人合作”“解决问题”“创新革新”“外语应用”等能力

从职业核心能力的类型和内涵来看，职业核心能力是个体社会核心竞争能力的基础，也是职业教育教学的重点之一。

根据职业生涯的基本要求，明确职业核心能力的基本范围和能力点，强化高职院校学生职业核心能力的培训能够有效提高学生的核心能力，同时通过职业核心能力的认证，能够更好地指导学生明确未来的发展目标，为其未来的职业发展奠定良好的基础。而坚持能力本位理念开发旅游专业教材有利于培养旅游专业人才的职业核心能力，以使旅游专业人才更加适应未来的职业发展。

二、中华优秀传统文化传播理念

（一）中华优秀传统文化的内涵

中华优秀传统文化是中华民族在漫长的历史变迁中形成和培育的基本思想理念，大体包括中华优秀传统文化的核心思想理念、中华传统美德、中华人文精神等。

1. 中华优秀传统文化的核心思想理念

（1）革故鼎新、与时俱进的日新思想。中华民族的传统文化观念中崇尚“生生不息”的精神和“苟日新，日日新，又日新”的日新思想。古人认为世界处于变化之中，发展变化是世间恒久不变的真理，世人只有不断进行“革故鼎新”，抛却旧有的思想和观念，树立新思想和新观念才能在变化的世界中跟上时代的步伐。“与时俱进”也表达了跟随时代共同进步的思想。中华优秀传统文化中的这种革故鼎新、与时俱进的日新思想，是在尊重客观事物发展规律的基础上，进行顺应事物发展规律的改变。这种日新思想在现阶段仍然是指导中国人民不断发展和进步的重要思想。

（2）脚踏实地、实事求是的奋斗思想。中华民族十分推崇脚踏实地、实事求是的奋斗精神，其中，脚踏实地一词出自宋朝邵雍《邵氏闻见前录》卷十八:“公尝问康节曰:‘某何如人?’曰:‘君实脚踏实地人也。’”在这句话中，脚踏实地指做事踏实、认真。“实事求是”一词，最早出自东汉班固所著的《汉书·河间献王传》:“修学好古，实事求是。”正是源于中华民族数千年的脚踏实地、实事求是的奋斗精神，中华民族才历经千年而不倒，屡次遭遇亡国灭种的威胁，最终均在苦难中重生。

(3)惠民利民、安民富民的仁爱思想。中华民族传统文化中十分重视人的价值，倡导“仁者爱人”的以人为本的精神。例如，儒家思想中强调“民为贵，社稷次之，君为轻”，视人民的利益重于国家和君主的利益。除了儒家之外，春秋战国时期的道家思想中也着重强调了人的利益，道家的经典著作《道德经》中即指出“道大，天大，地大，人亦大”的思想，强调人与天、地和道的地位一样重。这种惠民利民、安民富民的仁爱思想是中国民本思想的基础，贯穿中国的民本思想之中，成为中华优秀传统文化中的治世思想的基础。

(4)道法自然、天人合一的和谐思想。中华优秀传统文化倡导人与人之间的和谐、人与自然之间的和谐。早在春秋时期，中国古代哲学家和思想家老子在《道德经》中即提出了“人法地、地法天、天法道，道法自然”的理念。道家将万事万物的总体法则称为“道”，将具体的事物称为“理”，认为理对万事万物起着理性制约作用，而道则是世界万事万物存在的总依据。“道法自然”即指尊重自然规律的发展，天、地、人、物均需遵从自然规律的发展。道法自然的主旨在于自然，这种独特的自然观对中国传统文化产生了深刻的影响。道法自然的思想强调了自然法则的统一、有序。“天人合一”的思想由董仲舒提出，董仲舒认为“天亦有喜怒之气，哀乐之心，与人相副，以类合之，天人一也”，较早提出了“天人合一”的思想。之后，张载对“天人合一”的思想进行了详细阐释，指出“因明致诚，因诚致明，故天人合一”，明确提出了“天人合一”的概念。从总体上来看，“道法自然”“天人合一”的思想，表现了中华优秀传统文化对自然和人类精神世界的理解，不仅表现出人与自然和谐共融的思想，还体现出对人类精神世界中和谐价值的追求，强调人与自然、人与人，以及人与社会之间的和谐精神。

2. 中华传统美德

中华民族在数千年的发展中形成了丰富的道德理念和道德规范，这些道德理念和道德规范共同构成中华民族的传统美德，潜移默化地影响着中国人的思想和行为方式。其中包括爱国主义精神，“天下兴亡，匹夫有责”的担当精神以及崇德向善的精神，孝悌忠信、礼义廉耻的荣辱精神等。

（1）爱国主义精神。爱国是人类的一种十分古老的感情，也是千百年来巩固起来的人们对于祖国的一种最深厚的情感。爱国主义集中表现为民族自尊心和民族自信心，以及为保卫祖国和争取祖国的独立和富强而献身的奋斗精神。爱国主义精神体现在政治、法律、道德、艺术等整个上层建筑中，并渗透到社会生活的方方面面，爱国主义精神在不同的历史发展时期和不同阶段有着不同的具体内容。对于中华民族来说，爱国主义精神是中华民族的光荣传统和崇高美德，也是中国各民族大团结的政治基础和道德基础。中华民族在数千年的历史中形成了以爱国主义精神为核心的团结统一、爱好和平、勤劳勇敢和自强不息的民族精神。可以说，爱国主义精神是中华民族赖以生存和发展的情感纽带和精神因素。

（2）“天下兴亡，匹夫有责”的担当精神。“天下兴亡，匹夫有责”，最早是由顾炎武在其著作《日知录》中提出的。自秦朝以来，中国经历了数千年的封建社会，封建社会中人们以家庭作为最小的社会构成单位，以血缘宗法关系凝聚在一起，因此封建社会是一种家国一体的社会。顾炎武在《日知录》中对“国家”和“天下”进行了详细区分，他认为在封建社会中，“国”代表着一家一姓的君主政权；而“天下”则是跨越姓氏的，指整个国土以及国土上的人民。“亡国”是一种改国易号的行为，而“亡天下”则是指“仁义”受阻的道德伦理的行为，其关乎着整个民族的生死存亡。因此，在天下危亡之际，每一个普通老百姓都应积极承担责任拯救天下苍生，即所谓的“天下兴亡，匹夫有责”的思想。由此可见，“天下兴亡，匹夫有责”的精神，将个人命运与国家命运紧密联系在一起，将国家利益与个人得失联系在一起。这种对待国家和民族无私奉献的精神是中华民族传统文化中宝贵的担当意识。当国家和民族处于危亡之际，每一位“匹夫”都愿意为国家和民族献身，拯救国家和民族于危难之中。

（3）崇德向善的道德精神。中华优秀传统文化中十分重视德行，对个人的德行有着众多要求。例如，春秋时期出现的《论语》即指出“三人行必有我师”“见贤思齐，见不贤而内省”，强调生活中到处均有德行上的榜样，劝导人们向善，只要看到比自己更加贤德的人，就要向他看齐；如果看到有的人德行不良，那么需要对自己的行为进行反省，思考自己是否也犯有相同的错误。除了《论语》之外，中国古代的“孟母三迁”的故事，以及“近朱者赤近墨者黑”等成语均反映出中国古人崇德向善的精神，对有道德的人以及德行出众的人十分敬仰和尊崇。

（4）孝悌忠信、礼义廉耻的荣辱精神。中华优秀传统文化对个人的基本伦理十分重视，其中，孝悌忠信、礼义廉耻即属于对个人基本伦理的要求。其中，孝是指个体应当孝敬父母，悌指友爱兄弟，忠则是指心志坚定，信指诚实守信。礼义廉耻则是人立足于社会的基本荣辱精神。儒家文化中的孝悌忠信、礼义廉耻贯穿整个中华传统文化的发展之中，是中华传统美德的核心因素。孝悌忠信、礼义廉耻已深化到每个中国人的日常行为和思想理念之中，成为中华优秀传统文化中固有的道德取向，对中国人的道德进行规范和约束。

3. 中华人文精神

中华优秀传统文化中包含着大量丰富而多样的精神财富，这种精神财富是中国人民思想观念、风俗习惯、生活方式以及情感表达的积淀。其中包括求同存异、和而不同的处世方法，文以载道、以文化人的教化思想，形神兼备、情境交融的美学思想，勤俭节约、中庸和泰的生活思想。

（1）求同存异、和而不同的处世方法。中华优秀传统文化中包含着鲜明的求同存异、和而不同的处世方法，其本质是尊重社会多样性差别前提下的同一。早在春秋时期，中国大思想家和大哲学家孔子曾指出："君子和而不同，小人同而不和。"从这一思想出发引申出的求同存异、和而不同的处世方法影响了中国数千年的处世理念。求同存异、和而不同的处世方法相互影响，受这一思想的影响，中国早在数千年前即频繁与其周边国家和地区进行生产、生活和文化交流，在交流过程中即采用了求同存异、和而不同的处世方法，从而促进了中国与其他国家语言文字的交流、艺术的交流、经济的交流，甚至政治制度文化的交流等，在客观上促进了中国与其他国家之间的文化融合的过程，并为中国传统优秀文化的最终形成奠定了坚实基础。除了国家之间交往时的原则外，求同存异、和而不同还为中华民族内部的交流和个体之间的交流提供了依据，是中国人自古至今的处世方法。

（2）文以载道、以文化人的教化思想。"文以载道"是中国古代文论的一种观念，也是中华优秀传统文化的一种教化思想。"文以载道"的思想理念最早出现于《荀子》一书中，在此书的多篇文章中均已产生了"文以载道"的萌芽。汉朝时期，刘勰在《文心雕龙》中鲜明提出了"文以载道"的思想，认为"文"是用来阐明"道"的，强调了文化的教化功能。"以文化人"同样强调了文化的教化功能。文化是社会的产物，文化是由人类创造出来的，并且为人类社会而服务，为人类所继承。文化之所以被传承，是因为“道”是文化的载体，起着教化世人的作用。这里的“道”是指自然与社会的运行规律，只有以“道”教化人，才能更好地传输文化中的价值理念。

（3）形神兼备、情境交融的美学思想。中华优秀传统文化中存在形神兼备、情境交融的美学思想，这一美学精神强调美与善的高度统一、情与理的高度统一、认知和直觉的高度统一、自然与人的高度统一，以及高度的古代人道主义精神和以审美境界为人生最高境界的精神。中国美学思想强调人与自然之间是和谐统一、不可分割的和谐关系。数千年来，形神兼备、情境交融的美学思想成为指导历朝历代文艺美学的主要思想。例如，中国文学中即大量采用了形神兼备，情境交融的艺术手法，强调融情于景、情境交融。

（4）勤俭节约、中庸和泰的生活思想。

中华优秀传统文化中勤俭节约的思想源远流长，早在春秋时期，孔子即提出了“俭以养德”的思想。《左传》中“俭，德之共也，侈，恶之大也”强调勤俭节约的价值观。数千年来，勤俭节约不仅是中国人代代相传的一种生活方式和价值理念，还是衡量一个人德行、培养个人良好道德的基础。中国人认为，一个人的思想价值和生活方式是节约还是奢侈浪费反映了一个人的自知、自律、自省精神，也反映了社会文明的程度。如果社会上盛行节俭之风，那么该社会必然敬畏自然，尊重社会劳动。否则会产生浪费粮食、浪费社会财富的不良风气。中庸和泰思想，是指人与外部世界和谐共处、互相助益的生活理念。

（二）在高职旅游专业教材中弘扬中华优秀传统文化的意义

旅游业属于服务性行业，同时也是我国对外开放的重要窗口。旅游业的特殊性对旅游业相关从业人员的职业道德素质提出了更高要求，不仅要求旅游业相关从业人员具备良好的服务意识，具有爱岗敬业的精神，还要求旅游业相关从业人员具有较高的社会责任感和职业责任感。而高职旅游专业作为培养旅游业相关从业人员的专业，应当重视旅游从业人员的职业道德和素质，以适应社会市场的需求。中华优秀传统文化中蕴含着丰富的道德思想，在高职旅游专业教材中弘扬中华优秀传统文化具有十分重要的意义。

1. 树立民族文化自信

中华优秀传统文化强调个人自强不息的奋斗精神，中华民族的传统典籍《周易》中的“天行健，君子以自强不息；地势坤，君子以厚德载物”即强调君子应当自立自强和以深厚的德行包容他人。这一思想使得中华优秀传统文化具备了较强的开放和包容精神。受中华优秀传统文化的这一特质的影响，中华民族在数千年来始终以自强不息的精神创造着各种发展机会，获得了旺盛的生命力。与此同时，中华优秀传统文化中的开放与包容精神，还为中华文化对外来文化的融合奠定了基础。此外，中华优秀传统文化中包含着“天人合一”的思想，强调人与自然、人与社会、人与人之间的和谐发展。这一思想对解决当代生态危机、社会发展过程中遇到的种种问题均有着重要启示。由此可见，中华优秀传统文化在树立民族文化自信方面发挥着极其重要的作用。

高职旅游专业所培养的人才毕业后主要在旅行社、政府旅游部门等机构工作，所接待的旅游者既包括大量国内旅游消费者，也包括入境旅游消费者和出境旅游消费者。无论面对什么类型的旅游消费者，高职旅游专业毕业生作为未来旅游业从业者均应当树立民族文化自信，自信展出我国的特色旅游资源。从这一视角来看，在高职旅游专业教材中弘扬中华优秀传统文化能够树立民族文化自信。

2. 培养旅游人才的良好道德素养

中华优秀传统文化中蕴含着丰富的道德文化，对旅游专业人才的德育培养起着极为重要的作用。高职旅游专业学生正处于心理发展时期，价值观和人生观还未完全成型，极易受到外界环境的影响和干扰。在旅游专业人才的培养中，除知识教育外，还应关注旅游专业人才的思想教育，尤其是道德培养。中华优秀传统文化中蕴含着丰富的德育思想教育资源。

中华优秀传统文化中蕴含的德育思想教育资源包括“礼之用，和为贵”的和合观教育、“天地之性，人为贵”的生命观教育、“知行合一，经世致用”的价值观教育、“自强不息，厚德载物”的民族精神、“人生自古谁无死，留取丹心照汗青”的爱国主义教育等。这些丰富的德育教育资源在旅游专业人才的德育培养中起着构建良好文化语境、塑造理想人格、培育社会主义核心价值观、提升德育教育实效的重要作用。

（1）构建良好文化语境。旅游专业人才的德育培养主要借助学校专门的思想政治课程或其他课程进行，而将中华传统优秀文化纳入旅游专业人才德育培养体系，有利于构建旅游专业人才德育培养的良好文化语境。中华优秀传统文化中蕴含着丰富的道德文化，能够在校园中和社会上营造良好的文化语境，便于旅游专业人才学习中华优秀传统文化中的德育思想。中华优秀传统文化中的德育思想在漫长的历史发展和演进过程中形成了一套成熟的德育价值体系，从而形成了个人伦理、家庭伦理和国家伦理，建立了完备的德育理论体系。这种德育理论体系对维护社会的和谐发展、化解社会矛盾和人际冲突，以及推动社会历史的发展具有极为深远的影响。数千年来，这种德育理论体系已深入中国人的家庭、社会之中，成为指引中国人生存和发展的道德文化语境。旅游专业人才的德育培养是一项十分复杂而艰巨的系统工程，不能仅仅依靠学校的德育课程培养，还需在家庭中、社会上形成良好的德育文化环境，唯其如此才能为旅游专业人才德育培养提供良好的环境。

（2）塑造理想人格。中华优秀传统文化内涵丰富，博大精深，类型多种多样，在塑造旅游专业人才的理想人格方面起着十分积极的作用。中华优秀传统文化中的自尊、自爱、内省、仁爱等是中华传统文化中培养君子的重要方法，同样适用于旅游专业人才的道德教育，能够引导旅游专业人才树立理想人格。除此之外，中华优秀传统文化中的仁义、忠恕、孝顺、诚信等在旅游专业人才人格培养方面，也起着十分重要的作用，能够促进旅游专业人才的心理教育，培养旅游专业人才形成健全人格。

（3）培育社会主义核心价值观。社会主义核心价值观与中华优秀传统文化之间存在着千丝万缕的关系，中华优秀传统文化是社会主义核心价值观形成的基础，而社会主义核心价值观中则蕴含着丰富的中华优秀传统文化资源，社会主义核心价值观是对中华优秀传统文化的传承和升华。这两者目标、内在存在一定的相似性。除此之外，中华优秀传统文化作为中国国家软实力的基础，在引领国家政治、经济和科学文化的发展，为社会主义生产力的发展提供强大的精神动力，培养旅游专业人才良好的道德思想，引导和帮助旅游专业人才塑造理想人格等方面起着重要作用。

（4）提升旅游专业人才德育实效。旅游专业人才的思想道德培养作为一项复杂而艰巨的任务，其目的是帮助旅游专业人才树立完善、积极的社会价值观、人生观和道德观等。然而，旅游专业人才的道德思想教育属于精神领域范畴，并非仅仅通过知识学习就可以取得良好的效果，而是必须使得旅游专业人才主动、积极地学习道德体系，并将所获得的道德知识进行内化，才能转化为被旅游专业人才所接受的知识，内化为旅游专业人才的道德，并在外界行动中表现出来。而中华优秀传统文化中蕴含着丰富的传统文化资源，如果将中华优秀传统文化纳入校园、家庭之中，则可对旅游专业人才的思想道德教育产生潜移默化的效果，从而提升旅游专业人才的德育实效。

综上所述，秉承中华传统文化传播理念进行高职旅游专业教材建设，组织引导职业院校学生以社会主义核心价值观为引领，坚持德技并修、五育并举，大力弘扬中华优秀传统文化，坚持文化素养培育与思想政治教育、专业技术技能培养有机融合，能够引领高职旅游专业学生不断增强文化自信，成长为中华优秀传统文化的弘扬者、传播者和继承者。

三、双元育人理念

双元育人是指学校和企业共同作为培养人才的主体，在人才培养过程中学校和企业共同做到培养方案共商、培养过程共管、培养效果共评、培养成果共享，最终实现人才校企双元共育，校企深度合作。

双元育人最初源于德国现代学徒制。双元育人作为一种校企协同育人模式，是指学校和企业在政府的监督和引导下共同完成人才培养的各个环节，包括人才培养方案的制定、教学计划的实施、资源与技术的共享提升等。

校企双元育人在培养高职人才时，能够使高职院校更加了解企业的需求，从而使所培养的人才更加符合行业企业的用人标准。此外，企业作为育人主体可以为学生提供丰富的实训机会和平台，增强学生的实践操作能力。校企双元育人还可以提高毕业生的就业率，减轻社会就业压力，促进地方区域经济的发展。

将校企双元育人作为高职旅游专业教材建设理念，有利于高职院校和旅游相关企业共同开发教材和相应的课程体系，结合市场需求，开发与未来工作岗位密切相关的核心专业技能课程和职业素养课程等，以便构建职业素养+职业技能的双主线课程，同时也有利于校企共同组建“双师型”教师团队，以充分发挥高职教育旅游专业的特色。

此外，将校企双元育人作为高职旅游专业教材建设理念还有利于校企在教材的基础上，建立健全一系列课程管理制度，其中既包括旅游专业在校学生的实训管理办法、顶岗实习管理办法、考核评价管理办法，也包括旅游专业的教学管理制度、“双师型”教师队伍提升制度等，不断提升高职旅游专业人才培养质量，保障校企“双元”育人模式的顺利实施。

综上所述，“三教”改革背景下高职旅游专业教材改革应当坚持能力本位教育理念、中华优秀传统文化传播理念、双元育人理念，这些理念有利于高职旅游专业教材的建设取得良好效果。

第三节 “三教”改革背景下高职旅游专业教材改革的原则与路径

本节主要对“三教”改革背景下高职旅游专业教材改革的原则与路径进行详细分析。

一、高职旅游专业教材优化原则

高职旅游专业教材优化的原则包含五个方面（图 5-1）。

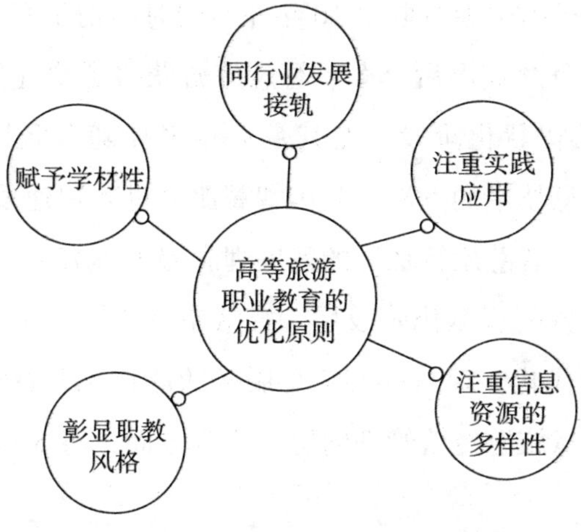

图 5-1 高职旅游专业教材优化原则的五个方面

（一）同行业发展接轨

旅游行业作为一种社会服务行为，其时代性发展的更迭速度较快。高职旅游专业教材的改革和优化也应当与行业发展相接轨。

以近年来快速发展的智慧旅游为例。“智慧旅游”这一概念源于“智慧地球”和“智慧城市”理念。早在2008年，国际商用机器公司首先提出“智慧地球”概念，指出智慧地球的核心是以一种更智慧的方法通过利用新一代信息技术来改变政府、公司和人们相互交互的方式，以便提高交互的明确性、效率、灵活性和响应速度。[①]2010年，IBM公司在“智慧地球”的概念上进一步提出了“智慧城市”的概念，指出21世纪人们进入“智慧城市”阶段，能够充分运用信息和通信技术，对支撑城市运行的关键信息进行分析和整合。这些信息包括民生、环保、公共安全、城市服务、工商业活动等，并对城市中各个方面的需求进行智能响应，从而为人类创造更加美好的城市生活。在此基础上，“智慧旅游”的概念应运而生。2010年，中国江苏省镇江市首次提出了“智慧旅游”的概念，并提出大力倡导和开展“智慧旅游”项目建设。2011年7月，时任国家旅游局局长的邵琪伟在全国旅游局长研讨会上首次使用了“智慧旅游”概念，并指出中国争取用10年左右的时间初步实现“智慧旅游”。

自智慧旅游概念提出后至今，智慧旅游获得了快速发展，已经从数字化阶段进入了智慧化阶段。尤其是近年来伴随着我国云计算、物联网、大数据等信息技术的发展，我国智慧旅游进入快速发展区，“智慧景区”“智慧酒店”“智慧旅行社”的发展理念层出不穷。

进入智慧旅游的智慧化阶段后，智慧旅游的特点主要表现在智慧旅游基础设施的现代化、智慧旅游信息服务的泛在化、智慧旅游消费者体验的互动化、智慧旅游经营管理的协同化等方面（表5-5）。

---

① 吴国清，申军波．智慧旅游发展与管理[M]. 上海：上海人民出版社，2017：2.

表 5-5 智慧旅游特征一览表

序号	特征	说明
1	智慧旅游基础设施的现代化	智慧旅游的基础设施包括基于旅游目的地层面的旅游基础设施，如智慧旅游综合管理平台、智慧旅游公共服务平台、旅游信息数据库、旅游信息安全体系；基于旅游经营企业层面的物联网信息感知系统，如景区内部的各种监控设备、电子门票与刷录设备、无线网络设备、智能移动终端设备等。这些基础设施均以现代技术为基础，以确保旅游信息的快速准确采集、共享、交换和更新，为智慧旅游经营、管理、营销奠定基础
2	智慧旅游信息服务的泛在化	智慧旅游借助物联网技术、大数据和云计算等技术，获取食、住、游、行、购、娱等一系列旅游信息，并通过信息技术将这些旅游信息发布到专门的旅游咨询网站、旅游景区官方网站以及借助电话、短信、新媒体等平台和渠道传播给旅游消费者，使旅游消费者能够随时随地通过多种途径获取各种旅游信息，从而为旅游消费者智慧化旅游体验奠定基础
3	智慧旅游消费者体验的互动化	智慧旅游通过对旅游消费者需求的了解，能够为旅游消费者提供个性化的旅游信息服务，从而实现旅游消费者与旅游信息服务设备之间的智能互动； 智慧旅游还可以为旅游消费者和旅游目的地政府管理部门、旅游企业之间的互动、交流提供平台，及时将旅游消费者的需求、意见和建议传播至旅游目的地政府管理部门和旅游企业，以帮助旅游目的地政府和旅游企业及时了解旅游消费的各种反馈，并以此为依据对旅游产品和服务进行改善，以达到提升旅游消费者满意度，促使旅游消费者主动在网络平台上分享该旅游目的地的游览体验，以吸引更多旅游消费者，传播旅游目的地产品和服务
4	智慧旅游经营管理的协同化	智慧旅游涉及旅游企业内外部之间的协同与配合，从旅游企业内部来看，涉及各个部门之间的协同与配合，从旅游企业外部来看，涉及旅游企业与交通、气象、卫生、安全、环境等外部各部门之间的协同与配合，需借助各种社会资源和信息科技手段实现跨部门资源共享，从而为旅游者提供全面、及时、贴心的旅游服务

由此可见，智慧旅游时代，旅游的各个环节均以云计算、物联网、大数据等信息技术作为支撑，颠覆了传统旅游方式。相应地，高职旅游

专业教材的建设也应当与旅游业的发展保持同步。

1. 注重教材的多元性开发和立体化的教学模式

高职旅游专业教材的建设应通过积极调研教学内容，整理收集该课程的相关前沿信息，主动与旅游行业紧密联系，了解旅游行业对人才需求的变化和职业岗位变化的新需求。

2. 注重教材内容的实用性

教材内容应当能够体现旅游服务行业知识内容的实践性。例如，在某些旅游专业课程上，经典案例要能够与时俱进，不拘泥于之前的案例，选取具有时代新特色和代表性的案例。此外，高职旅游专业教材的建设还要及时更新案例库，使学生能够深入了解真实的旅游行业。

（二）注重实践应用

教材的目的在于为人才培养提供基本依据，高职旅游专业所培养的对象是未来的旅游应用型人才，因此高职旅游专业教材建设应当注重实践应用性，不断加强知识的应用性。

教材的开发者应当在旅游行业基本知识理论中树立“以知识为核心”的价值观，要在教材案例中，增设通俗易懂的经典案例，让学生看得透、看得懂。在教材的某些选题的开发和设置上，教材的开发者也不应该拘泥于传统的教材设置逻辑体系，而应该积极寻求现阶段的行业领先人物以及经验丰富的技术工人，总结与传播他们的应用型知识。

（三）注重信息资源的多样性

从教材本身来看，集中承载教学内容的主要是纸张，纸张能够引发阅读者进行深度思考。然而在互联网时代，旅游专业人才所获得的信息途径具有多元性。因此，高职旅游专业教材的建设与改革也应当注重信息资源的多样性，充分利用多种媒介载体，在纸质教材的基础上建设数字化教材、数字图书和一体化教材，从而使教材内容更加全面丰富。

（四）彰显职教风格

构建职业教育特色鲜明的高职旅游专业教材应当紧紧抓住高等旅游职业教育的特色，结合不断发展的旅游行业的岗位实际需求。既要能体现旅游专业基础理论知识，同时还要增加教材的实践应用性。

关于高等职业教育教材的特色发展，还可以从传统文化之中吸取精华，融会贯通。教材的开发者可以选择对口的岗位进行市场调研和社会调查，采用学生喜闻乐见的形式编写经典案例，让教材自身特色变得更加鲜明。

在某些高职旅游专业实践课上，为了能够突出旅游业的鲜明风格，教师还可以利用虚拟环境来对现实进行模拟，彰显旅游专业的风格，推动高职旅游专业教材朝着特色化方向发展。

（五）赋予学材性

“学材观”强调教材是学生学习的读本，是面向学生学习体验建立的文化素材。为了提升高职旅游专业教材的学生满意程度，满足高职旅游专业学情的需要，教材编写应从“以教师为中心”转移到“以学生为中心”。在教材改革和完善的过程之中，教材的开发者要遵循“学材性”的理念。对教材内容的把关，应当注重将书本上面的知识转化成学生的日常实际应用知识。对于入选教材内容，不应该仅仅看到入选教材知识的“权威性”，还要能够发现其对整体教学环境是否具有较强的实际价值。在利用知识的过程中，学生能够增强对知识内涵的理解，实现知识创造；而在教材内容的组织方面，还要能够以“模块化”为主。

赋予高职旅游专业教材以“学材性”，对于培养旅游专业学生的自主性来说极其重要。

教材要能够提升学生的自我学习能力和主动性。学生在学习的过程中常通过互助方式进行学习。从建构主义理论来看，旅游专业教材建设和改革过程应当从微观个体视域和中观群体视域来看待“学材性”。

微观个体视域注重学生个体对于教材的理解和掌握，倡导充分发挥学生的自律意识，增强学生自主学习能力。尤其是在教材也在向着“学材性”的内容发生转变的基础上，学生更要去增强自主学习意识，可以利用多元的信息渠道，将教材“吃”得透彻。这样便可以帮助学生对于教材的使用，不断实现“知行合一”的目标。

从中观群体视域来看待，学生和学生之间可以形成具有自主性的群体，以学习互动小组的形式共同促进学习。另外，从教材的“学材性”来看，“以学生为中心”的中心教育观点，也可以促进教材的不断使用和发挥教育的特色，进而更好地为整个学生群体在学习过程之中提供更加方便的工具性阅读。

二、高职旅游专业教材优化路径

（一）基于岗位和能力导向对教材内容进行调整与优化

高等职业教育的教材必须联系实际行业的需求，从行业的需求出发，结合行业岗位工作的任务，以及行业岗位需要的技能对教材内容进行优化。从这一视角来看，高职旅游专业教材的建设和改革应当立足服务现实岗位的需要。

具体来说，可以选择旅游行业的经典案例，以及旅游行业先进模范代表和先进行业工作者的相关优秀经验，体现旅游行业的知识和技能。

现阶段，一些高职旅游专业教材中存在内容侧重基本知识理论体系的概括，而实践知识和技能等内容则相对较少的现象。因此，高职旅游专业教材改革应当对教材的章节目录、章节的逻辑体系进行相关调整，在立足原有教材的基础上，根据高职旅游专业教材面向的岗位需要，选择典型的工作岗位所要求具备的相关知识作为教材内容。

以旅游服务与管理专业和高星级酒店运营与管理专业为例。

高职院校旅游服务与管理专业的学生未来就业领域，主要可分为两大方向，即旅游景区和旅行社。其职业范围主要包括旅行社导游、计调、旅游景区相关服务人员等。

高职院校高星级酒店运营与管理专业的学生未来毕业后的对口岗位包括旅游酒店相关企业的服务与管理、餐厅服务与管理、酒店前厅服务与管理、客房服务与管理等。

从旅游服务与管理专业和高星级酒店运营与管理专业毕业生的就业方向来看，两者的就业方向不同。相应地，教材建设和改革也应当从不同专业毕业的就业方向着手培养相关专业学生的核心能力和综合素养。

职业成长是从新手到专家、从完成简单工作任务到完成复杂工作任务的发展过程。高职旅游专业的学生在刚刚进入工作之后，并不能够直接获得高层的岗位，而一般都是中层和基层的岗位。但是进入职场后，伴随着学生逐渐完成从学生到职业角色的转变，其在工作中积累的经验也会越来越多，从而推动其不断拓展自身的职业空间，迈向更高一级的平台。

从这一视角来看，高职院校旅游专业教材建设和改革还应当结合旅游类专业学生的职业成长规律对教材内容进行调整，以培养学生的核心职业技能，适应学生未来的职业成长。

（二）新型教材探索

高职院校旅游专业教材的内容组织应当能够符合第三产业服务类专业特点，并且立足真实的工作环境。

高职旅游专业教材建设和改革，应当从工作情境以及行业内的相关服务和标准出发进行灵活安排。高职旅游专业的教材内容要具有一定的工作逻辑，并且要能够根据典型工作任务和工作情境去进行组织，还要将工作的基本规则纳入实际运用能力之中。

从教材形态设计来看，高职院校旅游专业教材建设与改革还应选择和突出职业教育理实一体化、做学结合的特点的新形态教材设计形式，如“活页式”教材。“活页式”教材的构成包括任务活页、教材内容索引表、项目活页等部分。

高职旅游专业新型教材探索可从以下几个方面着手。

1. 教材目录新逻辑形式

在教材目录形式的新型改革探索中，应当立足原有的书目逻辑知识体系进行新的改变。原有的教材目录知识逻辑体系是按照“教师中心”来构建的。即教材开发者在进行编写的过程之中，是从教师教学的视角看待的，所以目录的知识逻辑体系是符合教师的教学思想要求的。近年来，伴随着我国高职教育教学理念的改革，高职院校旅游专业实行的教学思想已转换为“学生中心”，即将学生作为课堂教学的唯一主体，尊重学生在学习中的主体性，教师则转变为课堂教学的引导者。在“以学生为中心”的教学重点之下，教材的目录设置应该凸显出贴近学生的图式思想。

新的知识逻辑体系的教材目录设置的目的即改变“教师中心”的知识逻辑体系，将其转变为“学生中心”。目录的改变看似很小的一件事情，但是对于原有的知识逻辑体系进行了新一轮的秩序改变，改变的秩序对于书中的内容来说，便是变换了一种新的思想。

目录新逻辑形式，应当能够紧紧跟随新的时代思想做出相应的改变。对于高职院校旅游专业来说，教材目录的新逻辑形式应当能够贴近“三教”改革的新视域。即删除原有目录的不符合现代思想潮流的陈旧内容，结合旅游行业企业的发展进行新的内容设计和目录逻辑设计。在进行高职院校旅游专业教材建设和改革时，教材的开发者应当进行先期积极的市场调研和行业观察，通过引导行业有经验的专家和有经验的工人共同参与其中，以加强书本的操作实用性；还可以在教材的经典案例中，增添新的典型案例。这些均需要通过教材目录的新逻辑形式体现出来。

2. 教材媒介形式多样化

传统的以纸张媒介作为教材的主要载体，虽然能够让学生深入化阅读，然而在互联网时代，仅有传统纸质教材是远远无法满足教师教学和学生学习需要的。

以高职院校2022届旅游专业学生为例。这些学生大多生于21世纪，从小接触互联网，习惯以互联网作为接触外界信息的主要媒介。因此，在高职院校旅游专业教材改革过程中，教材的开发者和编写者应当将视频、音频、文字等多样化的形式纳入新教材体系之中，实现教材媒介形式的多样化。

教材的多媒介形式有利于教师在教学过程中建立立体化课堂。在多媒体课堂之上，教师如果还是依靠原有的纸质媒介形式，将不利于立体化课堂的展开。单一的纸质媒介的教材不足以支撑视频、音频、文字等图文并茂的立体化课堂过程，而教材的媒介形式多样化，将会大大方便立体式课堂的开展，方便教师在进行实践操作的课程时，更好地模拟现阶段的旅游行业的实际操作。

教材的多媒介形式还有利于职教产业的相互融合。传统的单一纸质媒介的教材，其内容从印刷出版之后便固定不变，无法删减或增加新内容。因此，伴随着旅游行业企业的不断发展，已经印刷的教材可能会过时，导致一定程度的浪费。此外，如果在印刷出版时期，旅游行业内部出现了重大改动，那么如果想要增添或者删减内容，只能够通过重新回厂再对那些内容进行修改。多媒介形式的教材则不存在这种顾虑。多媒介形式的教材增减内容只需要借助电脑设计操作便可以进行一定改变，省时省力，避免了浪费。

此外，在产业深化融合的时代，有技术经验的工作者和该行业领域的专家也可以借助多媒介形式对教材进行创新和改革，有利于校企合作打造特定化的教材，提高教材的应用性和实践性。

教材的媒介形式多样化还有利于信息化教学的开展，教师通过新型多样化的教学过程，能够整合网络信息资源，及时对教材的内容进行立体化展示，有利于信息化教学的开展。

从教师的视角来看，在教材的讲解过程之中，教材媒介形式多样化有利于教师备课和查找相关的行业资源，帮助教学过程顺利开展。

从学生的视角来看，教材媒介形式多样化使学生在课下的自主学习过程中更加得心应手，同时对于教材之中不懂的问题还可以进行多媒介形式的自我学习，更加有利于学生对教材的理解。

近年来，许多高职旅游专业已开始开发新教材。

例如，2022 年由中国职业技术教育学会智慧旅游职业教育专业委员会、旅游教育出版社、浙江旅游职业学院联合主办，上海旅游高等专科学校、山东旅游职业学院协办的“新时代旅游专业教材建设暨新教材发布会”召开。此次发布会上推出了《智慧旅游技术应用》《民宿管理与运营》《定制旅行管理与服务》《葡萄酒文化与营销》《酒店管理与数字化运营》五套新专业教材。这些教材即初步实现了媒介形式的多样化。

这些教材从内容上来看，知识体系完整，坚持校企双元、职教融通，吸收最新研究成果，案例丰富，模块多样。部分教材采用项目制结构编写，方便实训。从媒介形式来看，这些教材还通过二维码加入了大量拓展内容，包括拓展知识、分步演示、微课视频等数字化资源，大大拓展了教材边界，呈现出新时代职业教育教材立体化、多元化、数字化的特点。

综上所述，“三教”改革背景下高职旅游专业教材建设与改革势在必行，未来必然出现更具有创意性、适合高职旅游专业的新型教材。

第六章　“三教”改革背景下高职旅游专业教学方法建设

第一节 建构主义教学

教学方法，是在教学中使用的具体方法，教学有法，教无定法。教师在教学时应选择合适的教学方法。教学方法贯穿课堂教学的各个环节，无论哪一个环节均需要对具体的教学方法进行选择，且不同课堂教学环节中所使用的教学方法存在一定的差异。

教学方法的选择受教学理念的影响。不同教学理念，教学方法的选择存在较大区别。一般而言，任何一节课堂的教学，均需要使用多种教学方法。在课堂中使用的教学方法通常在教学中所起的作用更大。

一、建构主义的基本理念

（一）建构主义的分类

建构主义从属于教育学和心理学，可划分为个体建构主义、社会建构主义和认知建构主义。

1. 个体建构主义

个体建构主义是发生心理学中的一种理论倾向，其代表人物是瑞士心理学家皮亚杰。个体建构主义认为，智力发展是一种以个体方式进行的认知结构逐渐建立的过程。儿童便是一步步地建立认知结构，学习认识外界事物的办法，掌握认识手段，这一过程主要是儿童与物质世界中各种客体相互作用的结果。与此同时，儿童还会与周围的人发生着社会性的相互作用，但是与客体的相互作用和人的社会性相互作用之间没有必然的因果关系，两者是平行的。

由上可知，个体建构主义主要集中于对微观事物的分析看待过程之中，也就是要去研究个人的认知行为，是怎样从童年开始一步步建立起来的。并且在个人的成长过程之中，去学习和发展对社会的认识。

也就是说在个人的社会环境成长下，其自身的认知结构是怎么样被塑造起来的，这样便是一个主体在以社会外物为客体的情况下去学习和建构自己本身的认知水平和认知能力。毋庸置疑的一点便是人是社会性的产物，个体的认知和发展同其周围的环境是紧密联系的。所以在个体建构主义的学习过程之中，很难利用一个变量分析法去进行监控，而是要去综合性地看待人的这一认知过程的发展。

2. 社会建构主义

建构主义是一个关于知识和学习过程的理论，社会建构主义主要研究学生的认知心理过程是怎样发生转变的。

（1）知识来源于社会的意义建构。知识是人类社会中通过个体间的相互作用及其对自身的认知过程而建构的，是一种意义上的建构，而不是通过所谓的客观方法“发现”的。知识和知识的对象或知识所指涉的事物之间并不是一一对应的关系，更不是“反映和被反映”“表征和被表征”的关系。人类对世界的知识性概括与叙述与客观世界之间并不存在必然联系，而是人类在认识客体对象的过程中，在对已有的概念、观念、语言和话语的基础上，实行认知的积极主动建构的过程 。社会建构主义将知识视为社会的意义建构，知识侧重于社会因素的建构，虽有个体的成分，但并不是知识的主要建构因素。

（2）学习者具有积极的相互作用。学习者具有主动性和能动性，以原有知识经验作为背景，用自己熟悉的方式构建对新知识的理解。社会环境是学习者认知和发展的基本前提和重要资源，学习者带着不同的先前经验所积累和构建的知识进入新的学习环境，并在新环境中与其他学习者进行互动，在这一互动的过程中，通过借助沟通方式、认知工具、学习者的构成共同进行新知识的构建。

（3）学习是知识的社会协商。学习是以协商为本的基本活动，是共享对象、事件和观念的过程。学习的过程是知识的社会协商过程。个体通过与社会的互动、中介和转化，以建构和发展知识来学习。社会协商关注学习条件和学习过程。其中，学习条件包括学习者的主体作用、社会情境、学习共同体作用；学习过程则强调学习者个体的社会协商以及在协商中的发展。

3. 认知建构主义

认知建构主义理论的代表人物主要有皮亚杰、布鲁纳和冯·格拉斯菲尔德等。认知建构主义的代表学者皮亚杰提出了个人认知建构主义，皮亚杰的观点成为认知建构主义理论的基础。认知建构主义理论包括三个要点。

（1）学习是学习者主动建构的内部心理表征过程。[①]学习既包括结构性知识，也包括大量非结构性的经验背景。认知建构主义理论认为，人们对事物意义的认知，始终与以前经验相结合，理解既包括学习者的认知过程及其认知结构，也包括原来记忆中的语义和抽象过程，如图式、规则、算法，以突出某种特征的表象或言语记忆。另外，人脑对所接触的信息并非全盘接受，也不是被动学习和记录输入信息，而是对建构中的信息进行解释，主动选择一些信息，同时忽略另一部分信息，在信息选择中得出结论。

（2）学习过程包含新知识与旧知识两个方面的同时建构。认知建构主义理论认为，学习过程即知识建构的过程。知识建构包括两个方面，一方面，认知建构主义理论坚持信息加工的基本范式，认为知识是由个体建构而成的，外部信息与个体已有知识之间存在双向反复的相互作用。

① 李兆义，桑苏玲，杨彦栋．现代教育技术[M]．北京：北京理工大学出版社，2019：10.

个体对新信息的理解，是在运用已有经验的基础上，超越现实中提供的信息而进行建构的。另一方面，新信息的建构过程既包括信息意义的建立，也包括对记忆中原有经验的改造与重组。

（3）学习过程是学习者以自己的方式建构对新事物理解的过程。由于个体在认知世界中存在着一定的差异性，因此，学习者通常按照自己的方式建构对新事物的理解，鉴于这一规律，认知建构主义者十分重视理论学习与实践学习的结合。

认知建构主义理论主张提高建构理解所需要的基础，强调为学习者留出广阔的建构空间，以便学习者在信息建构中，根据具体情境采取适当的策略。生成性学习，即在生成理解的过程中，学习者原有的认知结构与新接收的信息进行相互作用的过程，是学习者主动选择和注意信息、主动建构信息意义的过程。探究性学习，以问题为中心，将学习活动设置到有意义的问题情境中，在这一情境中学习者通过不断发现问题、解决问题并对问题进行跟踪式探究，进行持续性的知识建构。

（二）建构主义教学基本含义和教学思想

1. 建构主义教学基本含义

建构主义教学是以学生作为主体，教师为指导的一种学习方法。建构主义教学强调对学生这一认知主体进行研究，同时也不能忽视教师在其中所起的关键作用，并结合整个学习环境对教学活动进行分析。建构主义教学方法对学生和教师提出了不同要求（图 6–1）。

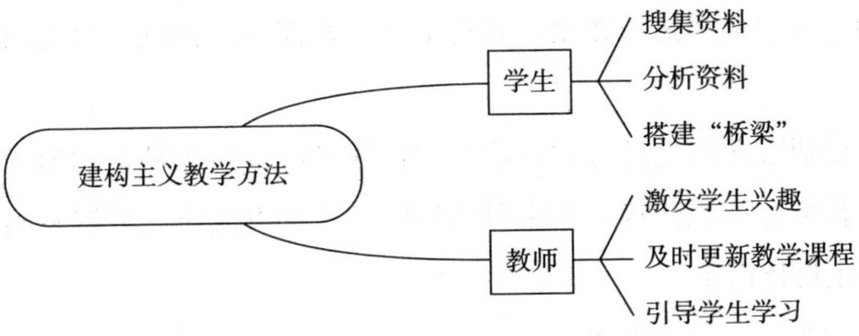

图 6-1　建构主义教学方法

（1）对学生的要求。

①要求学生学会利用信息资源搜集方法去查找在学习过程中所需要的资料，引导学生对自身所需要的知识进行主动建构。

②学生搜集和整理资料并不是目的，而只是学习的准备阶段。在此之后，学生必须对已经搜集和整理的资料进行主动分析。分析资料是建构主义教学过程中的关键一环，学生在分析资料的过程中，开始逐步建构自己的知识体系。并对相关知识进行分析，对这些资料能否实现学习目的进行判断。

③在建构主义教学中，学生能够将刚刚学习的新内容和自己原本已知的知识建构在一起，将新知识的图式和脑海中已经形成的图式结合起来，从而更好地理解新知识，建立知识之间的牢固连接，从而达到有效提高学习质量的效果。

（2）对教师的要求。教师在建构主义教学过程中所起的作用主要是引导，虽然并不是知识建构的主体，然而，教师的作用也十分重要。

①作为指导者的教师，需要通过一定的教学方式和方法激发学生的学习兴趣，积极主动地引领学生进行学习，为学生成为知识建构主体奠定基础。

②教师在教学中面对的学生、教学环境和教学内容并不具有特定性，当学生、教学环境和教学内容发生变化时，教师在教学过程中所采用的

方式和方法也应当进行改变。唯有如此，才能与时俱进，将新旧知识联系起来。

③教师帮助学生进行知识建构的过程可以采用多种不同形式。一般而言，教师在知识建构过程中所采用的方式和方法应当根据不同年龄阶段的学生群体而定。

2. 建构主义教学思想

建构主义所蕴含的教学思想主要有知识观、学习观、学生观、师生角色的定位及其作用、学习环境和教学原则等 6 个方面（表 6–1）。

表 6–1　建构主义教学思想一览表

序号	思想观点	内容	说明
1	知识观	知识是演化和发展的	知识是人们借助一定的符号系统对客观现实进行的假设和解释，知识会伴随着人们对客观现实认识程度的深入而不断变化、升华和发展
		知识不存在绝对的终极真理	人们已经形成并记载下来的知识只是个体对其所认识世界的经验总结，并不能够概括整个世界的规律或法则，世界上并不存在绝对的终极真理，学习者在学习的过程中可以对任何知识进行质疑并重新建构个体化的知识体系
		知识是内化的，不能以实体形式存在于个体之外	语言符号等媒介在一定程度上可以赋予知识一定的外在形式，但不能完全确保学习者对文字记录下来的同一种知识进行同样的理解
		掌握知识并不是为了掌握真理而是为了生存	学习者对科学的知识的认识和理解能够帮助学习者在世界上更好地生存，因此科学的知识必须在一定程度上具备生存力和可操作性

续 表

序号	思想观点	内容		说明
2	学习观	学习的实质	学习是认知结构改变的过程	学习者认知结构发生变化的两种方式是同化和顺应，借助同化和顺应，学习者的知识认知结构逐步构建起来
			学习是主体建构的自组织循环系统	学习不是由外部决定的，而是由已有的结构规定的，一个完整的学习过程循环的先后顺序为：兴趣→知识→记忆→情感→感知→反省→行动→平衡→摄动→重建→迁移→兴趣。这一过程循环往复，没有起点和终点
			学习是个体主动建构自己知识的过程	学习是学习者根据以往的经验建构的，是新知识和旧知识之间相互影响的过程，也是个体对现实世界进行创造性的理解并赋予现实世界独特的个体式、主观式意义的过程
		学习的影响因素	先前经验	个体自身所积累的先前经验在个体知识建构的过程中起着极其重要的作用，个体只有充分将原有的知识与新知识构建在一起，才能发展出新的知识经验
			协作与对话	协作与对话是建构知识的重要影响因素，同样的学习内容，教师和学生以及学生与学生之间的协作与对话不同，知识的建构结果也不相同
			环境	环境是建构主义教学和学习的重要因素，包括知识信息库、符号簿、任务情境、工具包、任务管理者等，这些因素对建构主义学习起着重要影响，根据这些因素，可以区分单调的学习环境和丰富的学习环境
			情感	情感对学习者的知识建构有着重要的影响，情感可以影响主体认识的指向性和选择性，也可以是认识活动的激发和抑制因素，情感的波动还会制约认识的状态
			失败与错误	建构主义并不排斥失败，而是将失败视为学习过程的一部分，能够对学习效果起到积极作用
			评价	评价不是教学设计的附加部分，而是整个学习过程的重要组成部分

续 表

序号	思想观点	内容	说明
3	学生观	学习者在进入学习情境时并非大脑一片空白	学生在进入学习情境之前已经通过各种形式的学习形成了相关知识和经验，面对新知识会基于以往的经验形成假设，这种假设可能是错误的
		教学不能忽视学习者已有的知识经验	教学不是知识的传递，而是知识的处理和转换，教师应当重视学生对知识的理解，在此基础上引导学生丰富或调整自己的假设
		教师与学生、学生与学生之间在学习中需要交流以了解彼此的想法	学生的知识背景千差万别，因此学生对问题的看法和理解也不尽相同，这些差异是一种宝贵的资源，教师应在教学中充分引导学生彼此交流
4	师生角色的定位及其作用	教师的角色是学生建构知识的忠实支持者	教师是学生学习过程中的合作者，应当为学生提供真实问题情境，引导学生进行知识探究
		教师应当成为学生建构知识的积极帮助者和引导者	教师通过创设符合教学内容要求的情境和提示新旧知识之间联系的线索即可引导学生学习新知识
		学生是教学活动的积极参与者和知识的积极建构者	学生面对新的学习情境，需要采取新的学习风格或认知加工策略形成对知识的理解和建构
5	学习环境	情境	学习环境中的情境必须有利于学习者对所学内容的意义建构
		协作	教师与学生之间、学生与学生之间应当进行充分合作
		交流	合作学习的过程就是交流的过程
		意义建构	学生对当前学习的内容所反映事物的性质、规律以及该事物与其他事物之间的内在联系达到较深刻的理解即是意义建构

续 表

序号	思想观点	内容	说明
6	教学原则	把所有的学习任务都置于为了能够更有效地适应世界的学习中	
		教学目标应该与学生的学习环境中的目标相符合	
		真实的活动是学习环境的重要的特征	
		设计能够反映学生在学习结束后就从事有效行动的适当环境	
		给学生解决问题的自主权	
		设计支持和激发学生思维的学习环境	
		鼓励学生在社会背景中检测自己的观点	
		支持学生对所学内容与学习过程的反思，发展学生的自我控制的技能，成为独立的学习者	

（三）建构主义教学模式及教学设计

自建构主义教学理论提出以来，学者对其研究主要集中于建构主义教学模式和建构主义教学设计两个方面。

1. 建构主义教学模式

建构主义教学理论中包含许多学习和教学概念，例如，协作互动学习、探究学习、自主学习、情境学习等。这些学习类型又衍生出一些新的教学模式，主要包括支架式教学模式、抛锚式教学模式、认知学徒式教学模式等。

（1）支架式教学模式。“支架（scaffold）”一词原属于建筑行业中的专门词语，意为“脚手架”。在建筑行业中，当人们进行修葺工作时，通常会对建筑物提供支持的暂时性平台和柱子等，而当建筑物最终修葺完成之后，则会将这些支持物拆除，只保留建筑物。

1976 年，伍德（David Wood）、布鲁纳（Jerome Seymour Bruner）、麦瑟（Mercer）等学者创造性地将建筑行业的词语“支架”作为一个隐喻性词语应用于教育领域，以表示在学习过程中教师或同伴为学习者带来的帮助。支架式教学模式中，学生被比喻为建筑物，而教师或同伴的帮助则被比喻为建筑物的支架，学生的学习过程则被比喻为建筑物修葺的过程。在学生的学习过程中，存在一些难度系数较高的学习目标，单纯依靠学生自身的力量无法达到，而“支架”能够帮助学生更加顺利、便捷地建构学习环境，达成学习目标。而当学生的知识和技能得到提升，能够独自达成剩下的学习目标时，教师或同伴则会及时撤出。

从支架式教学的这一过程来看，支架式教学主要包括以下几个环节（表 6–2）。

表 6–2　支架式教学模式的教学环节一览表

序号	环节	说明
1	搭建脚手架	教师或同伴从所学内容出发，帮助学生确立合适的学习目标，根据学生的学习程度搭建合适的脚手架——即学生的新旧知识之间的桥梁，引导学生在学习过程中探索自己原有思想领域和新知识之间的联系，让学生从原有知识图式（学生未学习之前自主的知识框架）进入到新知识的思想领域体系之中
2	进入情境	通过问题将学生引到一定的情境之中，在这一过程中，教师应当结合学生的固有知识、兴趣以及新知识的内容，借助多媒体设备或其他外在工具为学生创设学习情境
3	独立探索	这一环节的关键在于引导学生对新知识进行独立探索，在探索之初，教师需要借助问题、对话等充分发挥引导作用，引导学生对问题进行独立分析；在学生学习的探索过程中，教师需要及时给予提示，以引导和帮助学生逐渐攀登学习高峰，一般而言，在学生探索之初教师的提示和帮助较多，而越往后教师的提示和帮助越少，以便学生充分发挥主观能动性，对问题进行积极思考，最后达到学生无须教师引导，自己在概念框架中攀登学习高峰的目的。课堂学习结束后，教师还可以通过布置作业的方式引导学生在课下对自己感兴趣的知识，对课堂的知识盲点、难点进行自主学习，进而实现学生的学习自律

续 表

序号	环节	说明
4	协作学习	通过小组学习的形式，让学生在学习过程中与学习同伴共同协商、讨论和对话，协作学习确保每一个学生都可以参与到学习的讨论过程之中，使学习小组中每位学生个体都可以自由发声，从而在提升学生学习效果的同时，培养学生的团队合作意识。一般而言，个体由于知识、经验或观察能力有限，往往所发现的问题也存在一定的局限，而小组协作学习可以有效弥补小组内部学生的弱点，发挥小组内部学生的优势，从而确保学生在学习过程中有效意识到自身的不足，并从同伴处获得启发，顺利地搭建起完整的知识框架体系
5	效果评价	支架式教学模式在学习结束后，还应对学习的效果进行评价，学习效果评价包括教师对学生的评价、同伴之间的相互评价以及学生个人的自我评价，所评价的主要内容即学生自主学习的能力、学生对小组协作的贡献以及学生的学习目标是否达到、是否对已有知识和新知识进行了意义建构等

支架式教学模式通常采用师生对话或同伴与学生对话的形式，帮助学生发现和解决其自身无法独立解决的学习过程中的困难。在支架式教学模式下，学生之间进行协作学习时，学生互为支架，每个学生都可以从与其他学习者的对话中获得启发，并使自身的能力得以不同程度的提升，最终达成教学目标。从这一视角来看，支架式教学模式的确具有调节学生知识储备、引导学生朝着更高认知水平努力、促进学生自主学习能力发展的作用。

（2）抛锚式教学模式。

抛锚式教学模式最初由约翰·布兰斯福德（John Bransford）于 20 世纪 80 年代末 90 年代初提出。其中，抛锚式教学模式中的“锚”指以一个有趣的、真实的事例或问题为基础而创设的教学情境，“抛锚”指确定这类真实事件或问题。一旦这类真实事件或问题被确定了，整个教学内容和教学进程也就被确定了——如同轮船被锚固定一样。

抛锚式教学模式的目的是使学生在一个完整的、真实的问题情境中产生学习的欲望，并通过与班级同学之间的合作学习（主要为互动与交流）、学生自己的主动学习、生成学习，亲身体验从识别目标到提到和达到目标的全过程。

抛锚式教学的重点，是设置一个引发学生兴趣，同时能够符合教学目标的话题，以此设置情境，激发学生积极、主动学习的兴趣。

抛锚式教学模式的教学过程主要包括如下环节（表 6-3）。

表 6-3　抛锚式教学模式的教学环节一览表

序号	环节	说明
1	创设情境	使学习能在和现实情况基本一致或类似的情境中发生，情境的设置从一开始即让学生进入角色，学生的角色带入，意味着情境设置的成功，一旦学生进入情境，即可带入到相关角色之中，使学生产生身份认同，在教师抛锚式的问题提出以后才能引发学生的热烈反响与思考。创设的情境既要有利于学生的知识建构，也要能够帮助学生的图式思维扩散，还要能够引发学生的思考
2	确定问题	在确定的情境之下，提出与学习主题密切相关的真实事件或问题作为学习的中心内容。在这一过程中，教师提出的事件和问题即独特的“锚”，例如，高职旅游专业教学中，教师可以将社会上发生的旅游热点事件作为“锚”，这种真实的事件既能引发学生的兴趣，也与教学内容息息相关

续 表

序号	环节	说明
3	自主学习	自主学习的过程中，教师不会直接告诉学生解决问题的方法，而是向学生提供可以解决问题的一些线索，例如，资料的收集等。在这一过程中，引导学生进行自主思考和学习，以培养学生确定学习内容的能力、获取有关信息与资料的能力、对资料和信息进行利用和评价的能力等； 自主学习的关键是学生能够对教师所提出的问题产生兴趣，自主开展对问题的探索与研究。学生自主探索和学习的过程即学生新知识与原有知识搭建起"桥梁"的阶段，在一过程中，学生可以不断地提出问题的假设，并运用所学到的新的知识验证假设是否成立，帮助学生不断更新自己的知识、建构新的知识库； 学生能够进行自主学习，是构建良好学习过程的成功基础，在这一学习过程中，学生可以通过自主学习的方式，不断加深和优化自身的知识建构体系，提高学习兴趣，对新的学习知识进行深入研究，以便学生更好地掌握新知识
4	协作学习	在自主学习之后，学生还可以与同伴进行讨论、交流，通过不同观点的交锋，加深学生对问题的理解，对学生自主学习过程中形成的观点进行补充、修正； 协作学习的展开，还可以帮助教师更好地进行教学活动，帮助教师去发现和指明学生所遇到的具有普遍性的问题，例如，学生在协作学习的过程中可能会提出对于教材内容设置的一些想法，而教师通过收集这些想法，并找到相关问题的共性，既可以针对性地帮助学生正确深入地理解教材知识，也可以帮助学生更好地处理在自主学习过程中遇到的种种问题，还有利于教师对教材改革提出具有建设性的意见和建议
5	效果评价	抛锚式教学模式的效果评价往往从学习过程就可以反映出学生的学习成果，由于抛锚式教学过程的每一个环节都环环相扣，如果最终的效果良好，则体现了教师和学生在这一过程中均付出了积极主动的有效努力；相反，如果学习成果最后是失败的，便是因为在这样的一个过程之中，学生、教师、教材三方中存在着某些问题。该如何去寻找问题、解决问题，便是抛锚式教学更加具有深层意义的展示

从抛锚式教学模式的过程来看，抛锚式教学模式的设计原则主要体现在教学活动应当围绕"锚"进行设计；课程材料应当有利于学习者进

行必要的学习探索；教学过程应当坚持以学生为中心；根据学生的参与和合作的活动要求安排学习等。

（3）认知学徒式教学模式。认知学徒式在这里指通过允许学生获取、开发和利用真实领域中的活动工具的方法，支持学生在某一领域中的学习。认知学徒式教学模式的要点主要包括以下环节。

①设计教学模型。教师在明确课程教学目标的基础上，通过预估教学中存在的各种问题，设计合适的教学模型。

②教师指导和辅导。学生在执行教师布置的任务的过程中，教师应当及时关注学生的完成情况，并且通过暗示、提醒等手段及时对学生进行纠正，引导和帮助学生完成任务。

③学生交流。学生在执行任务达到一定阶段后，可以通过学生之间的交流，引导学生发现自己对知识理解和掌握程度的不足，并采用讨论、示范、陈述等手段有效锻炼学生的综合能力，并达到学生之间互相启发和帮助的目的。

④学生反思。有效的反思能够促进学生对概念以及思维认知的把握，引发学生的比较和反思，帮助学生充分认识自己，不断完善自己。

⑤学生独立探究。学生在独立探究学习的过程中，能够综合运用观察、反思、发现等学习工具独立解决问题，有利于培养学生的综合能力。

2. 建构主义教学设计

教育技术领域的专家和学者们力图建立一套能与建构主义学习理论以及建构主义学习环境相适应的全新的教学设计理论与方法体系。尽管这种理论体系的建立是一项艰巨的任务，并非短期内能够完成，但是其基本思想及主要原则已日渐明朗，并已开始实际应用于指导基于多媒体和互联网的建构主义学习环境的教学设计。建构主义教学设计的原则主要包括以学生为中心、情境的重要作用、协作学习的关键核心、设计和谐学习环境、多信息资源学习、学习果实收获，意义建构完成等。

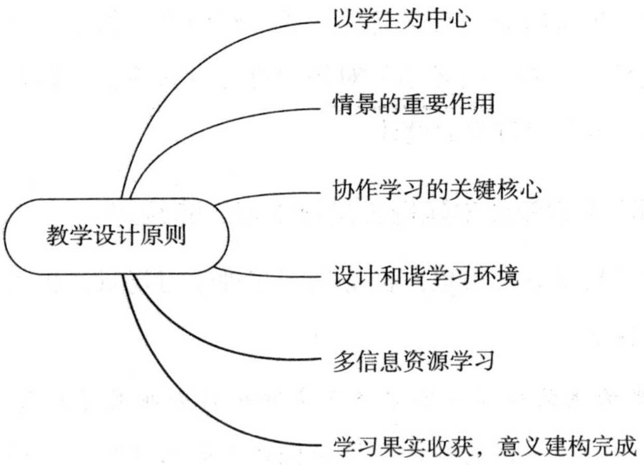

图 6–2 教学设计原则

（1）以学生为中心。建构主义教学设计强调在教学过程中充分尊重学生的主体作用，以学生为中心，让学生自主学习知识、发现问题和解决问题。

（2）情境的重要作用。建构主义教学设计强调情境在学习中所起的重要作用，倡导学习在一定的情境中进行，在具体的情境中实现认知结构的重建，在情境中不断提高学生的认知。

（3）协作学习的关键核心。建构主义教学设计强调协作学习是建构主义教学的关键核心，倡导通过协作学习的方式，使学生与学生之间产生积极的相互影响，达到思想的碰撞和智慧的交流，完成对所学知识的意义建构。

（4）设计和谐学习环境。建构主义教学设计倡导探究学习和协作学习，要求为学习者创设有利的学习环境，支持和促进学习者更好地进行自主学习。

（5）多信息资源学习。建构主义教学设计通过充分利多种信息技术，建立有利于知识意义建构的教学信息资源库，从而达到支持和帮助学习者进行自主学习和主动探索的目的。

（6）学习果实收获，意义建构完成。建构主义教学设计的最终目标并不是完成教学，而是引导学生对知识进行意义建构，因此相对于学习结果，更加注重学习过程的设计。

二、高职旅游专业中建构主义教学方法的应用

建构主义教学方法可以广泛应用于多种学习场景，也可以应用于高职旅游专业教学。

（一）建构主义教学方法应用于高职旅游专业教学的意义

旅游专业的教学目的是使学生掌握相关旅游课程的构成要素，并通过理论知识的学习和实践知识的学习提升自身特定的旅游类专业技能，从而为游客提供高质量的服务。由于旅游行业的特殊性，旅游专业作为理论性和应用性均较强的课程，使用传统教学方法往往无法达到良好的教学效果。应用建构主义教学方法可以获得意想不到的收获。

建构主义教学方法应用于高职旅游专业教学具有重要意义，主要表现在以下几个方面。

1. 建构主义教学方法应用于高职旅游专业可以激发学生学习的主动性、积极性和强烈的好奇心

建构主义教学方法通过教师精心创设的贴近旅游服务现实的教学情境，可以将学生带入到特定的、贴近旅游服务现实的真实案例情境中，引导学生在近似真实的案例情境中积极思考问题，努力寻求解决方案。

例如，旅游服务与管理专业课程上课时，教师将社会上某餐饮品牌的管理和个性化服务介绍给学生，在教师的带领下，引导学生主动通过互联网查询消费者对该餐饮品牌服务的评价信息，为学生创设真实的案例情境。在这一案例情境之中，教师引导学生通过个体分析与总结对旅游餐饮行业如何利用利润价值链理论提升员工对工作场所的满意度，进而提升员工对顾客服务的服务质量。在学生进行充分的分析与总结之后，

教师组织学生通过小组讨论和集体讨论的方式交换观点，在这一学习的建构过程中，学生可以充分发挥自主性和积极性，并借助集体合作的方式，完成对新知识的学习和建构。

除此之外，教师在讲解旅游专业课程时，还可通过创设教学情境的方法，引导学生结合自身的旅游经历分析优质旅游服务和差强人意的旅游服务之间的差别、原理，引导学生通过个体反思和集体分析的方法剖析原因，寻求应对策略。在这些情境案例分析中，教师不仅可以引导学生对所学知识进行回顾以及灵活应用，提高学生对知识的掌握程度。同时还可以在其中纳入新知识，例如，根据旅游供需关系进行淡旺季调节，以及淡旺季的旅游服务的侧重点与注意事项的修改与完善等。这些新知识均可以通过案例讨论的方式纳入建构主义教学之中。

由于建构主义的情境性以及在建构主义教学过程中充分调动了学生学习的主动性、积极思考的主观能动性，能够吸引学生主动参与课堂集体讨论，挖掘和发挥其内在潜力，主动将已有的知识和经验与新知识之间进行重组和重构，构建起新的知识经验衔接体系。

除此之外，建构主义教学方法能够使旅游专业学生充分认识自身的闪光点，有利于旅游专业学生树立自信，在今后的学习中投入更多热情，从而达到提高教学质量的效果。

2. 建构主义教学方法应用于高职旅游专业有助于提高学生的实践应用能力和科研探索能力

建构主义教学方法通常以模拟真实旅游情境的方式构建课堂教学环境，引导学生充分了解旅游行业的真实情境，并通过教师的启发和引导，让学生在原有知识和经验的基础上建立新旧知识的衔接，运用新知识剖析和探究旅游实际情境中遇到的种种挑战，并在这一过程中逐渐提高学生的实践应用能力和科研探索能力。

（二）建构主义教学方法应用于高职旅游专业中的原则

建构主义教学方法在高职旅游专业中的应用应当遵循以下几个原则。

1. 循序渐进的原则

建构主义理论根植于西方分析与批判行为主义和认知主义，追求以概念、判断和推理为形式的教育目标，形成了以教师为引导、学生为中心的学习方法。而我国传统教学方法是以教师为中心、以知识为本位。因此，建构主义教学方法在我国高职旅游专业进行应用时，应当遵循循序渐进的原则，逐渐改变高职旅游专业教师的观念，让教师和学生逐渐建立起以学生为中心，学生是知识意义的主动建构者的教学思想，引导学生逐渐学会主动学习。从思想到行动往往不能一步到位，而是需要一个循序渐进的过程。从这一视角来看，建构主义教学方法在高职旅游专业应用过程中应当坚持循序渐进的原则。

2. 由表及里的原则

建构主义教学方法强调充分发挥学习者的积极性，通过教师的引导，促使学习者的认知和行为发生变化，这些变化主要侧重于学习者对知识背后原理的思索以及主动参与教学活动、积极思考、主动进行旧知识和新知识的建构等方面，而不是知识本身的记忆。鉴于建构主义教学方法更加强调学习者的主动性，将建构主义教学方法应用于旅游专业教学时，教师应当遵循由表及里的原则。不能一味注重学生对知识本身的记忆，而是应当注重对学生主动学习能力的培养，引导学生从表象的“我知道”到本质的“我会了”，让学生在教师设定的模拟真实的情境中掌握学习的方法，真正将知识建构成可以应用于实践的知识系统。

3. 知行合一的原则

知行合一是指认识事物的道理与实际行为其实是密不可分的。知是指内心的觉知，对事物的认识，行是指人的实际行为。建构主义教学方法作为外来的教学方法，在适应我国高职旅游专业教学时应当坚持知行合一的原则。将建构主义教学方法与我国传统教学方法以及旅游专业的特点结合起来，充分将建构主义教学方法与启发式教学方法、参与式教学方法和合作学习方法等结合起来，取其精华，树立学生本位的思想，将建构主义教学方法的精华切实落实到教学活动中，通过实践去检验其效果。

（三）建构主义教学方法应用于高职旅游专业的策略

建构主义教学方法应用于高职旅游专业的策略主要包括以下几个方面。

1. 明确师生角色定位

在教育教学活动中，教师和学生是两个不可或缺的主体，各自扮演着极其重要的角色。师生双方的角色定位，不仅直接影响着师生关系和学生的关系，还直接对教学效果起着决定性的影响。

建构主义教学方法强调教师的引导作用和学生主动学习的积极性。因此在将建构主义教学方法应用于高职旅游专业时，首先应当明确教师和学生的角色定位。建构主义教学方法中教师的角色定位是课堂知识建构的引导者，学生的角色定位是知识建构主体。

高职旅游专业教师在应用建构主义教学方法时应当从传统教师角色中抽离，作为课堂知识建构的引导者，在知识建构的过程中做一个主持人，通过课堂情境的设置对学生的知识建构过程进行主持，引导学生进行积极思考，承担学生思维发展的酵母、催化师和主持人等角色。

高职旅游专业学生在应用建构主义教学方法时应当担任知识的建构主体，积极融入教师创设的情境，主动参与到课堂活动、参与思想碰撞以及参与意义的建构中，积极思考，在理解知识的基础上进行新旧知识的构建，成为课堂知识建构的主动参与者。

2. 借助旅游实际建构教学情境

高职旅游专业是培养应用型旅游人才的专业，旅游业作为服务业，面对形形色色的消费者需要采用不同的服务方式和方法。高职旅游专业教学活动中运用建构主义教学方法时，教师应当模仿现实中发生的旅游情境或借助社会旅游热点构建课堂情境，培养学生在情境中进行知识构建，从而达到培养学生知识的同时，培养学生的职业核心素养，提高旅游人才的实践应用技能的目的。

综上所述，建构主义教学方法适合高职旅游专业人才培养，而将建构主义教学方法应用于高职旅游专业时应当遵循一定的原则，使用一定的策略。

第二节　体验式教学

自体验式教学方法诞生以来，就深受众多教育学者的认同，体验式教学方法是一种体现了“以学生为中心”的学习方式。本节主要对高职旅游专业中体验式教学方法的应用进行分析。

一、体验式教学的基本含义及类型

体验式教学方法也被称为体验式培训法、体验式学习模式等。体验式教学方法的主要特征是学习者在实际的体验过程之中，独自对知识进行感悟、理解、运用、学习和建构。

在高职旅游专业教育中存在大量实操性较强的课程。例如，服务礼仪、酒店管理培训，等等。这些专业课程都需要教师和学生之间通过加强互动的形式培养和提升学生将理论知识与实践场景相结合的能力，提高学生的实践能力。

高职旅游专业教育产教合作项目中，企业定期向高职院校派遣有经验的行业从业人员或业内专家对旅游专业学生进行实践培训；或者高职院校学生定期到实践基地进行实践学习时，均面临着在实践中学习的情况。此时，体验式教学方法即成为合适的教育教学方法。

（一）体验式教学的基本含义

体验式教学的基本含义主要包括教师在教学活动中积极创设各种情境；学生在各种情境中进行充分的体验；学生在体验中得到全面发展。

1. 教师在教学活动中积极创设各种情境

创设情境，是体验式教学的首要条件。体验式教学中教师所构建的情境，可以是真实的情境，也可以是虚拟的，无论是真实的还是虚拟的教学情境都必须与教学内容相符合，能够在情境设置中达到教学目标。

以旅游礼仪专业为例。旅游礼仪专业作为一门实用性较强的专业，在教学过程中，教师可以通过多媒体教学、模拟剧情小品以及真实的社会实习等方式创设情境，以使旅游礼仪专业学生能够从用中学，从学中做，提高学生的学习积极性，达到良好的教学效果。

2. 学生在各种情境中进行充分的体验

体验，是体验式教学的关键，也是体验式教学的着眼点。就体验式教学而言，学生是主体，情境是客体，体验是中介。学生只有通过体验这一中介才能作用于客体，而中介作用的大小，取决于学生的体验是否充分。因此，教师所创设的情境，只有让学生融入其中，并进行全面的、独特的体验，才能发挥体验式教学的作用。

3. 学生在体验中得到全面发展

学生在体验中得到全面发展是体验式教学的目的所在，也是体验式教学目标达成的效果。从体验式教学的效果来看，借助体验式教学，学生可以得到综合性锻炼和全面发展，同时也可以获得个性化的发展。

（二）体验式教学的类型

体验式教学从不同视角进行分类，可以划分为以下不同类型（表6-4）。

表6-4　体验式教学的类型一览表

视角	类型	细分类型
从情境视角划分	真实情境体验式教学	实物情境、实际场景情境等
	虚拟情境体验式教学	文字情境、图像情境等
从体验视角划分	从体验情境的呈现方式划分	直接体验
		间接体验
	从体验的内容划分	生活体验
		社会体验
		自然体验
	从体验的范围和目标划分	全面体验
		独特体验
	从体验的主体维度划分	主动体验
		被动体验
	从体验的内容维度划分	接受体验
		创造体验
	从体验的空间维度划分	紧张体验
		庇护体验
	从体验的时间维度划分	期待体验
		追忆体验
	从体验的心境维度划分	开放体验
		封闭体验

二、体验式教学方法的特征

体验式教学方法具有体验性、整体性、独特性、自主性、生成性、开放性、实践性和创新性的特征。

（一）体验性

体验式教学方法注重学习者的参与、体验和运用，在教学设计中，教师往往会通过设计一个任务的方式让学生融入其中并获得充分的体验，类似于抛锚式教学。在体验式教学方法之中，以完成特定任务（教学目标）作为项目的整体推动。根据某个主题，设计某个任务，通过这个任务的驱动，来对学习者进行各个方面的考核和培训，学习者在完成任务的过程中往往面临各种问题和障碍，只有通过自我努力和团队协作的方式，才能解决问题，完成任务，而学习者也会从中获得经验和成长。

为了激发学习者的参与性和积极性，激发学习者的兴趣，教师往往把这些任务设计成为一个个有趣味的项目。

（二）整体性

体验式教学所设置的情境必须具有整体性，才能确保学生充分融入其中，获得充分的体验，最终达成教育目标，促进学生的全面发展。这里所指的整体性主要体现在三个方面。

1. 情境的完整性

体验式教学中情境的完整性主要指情境需要生动、丰富、饱满且有头有尾，类似于真实的社会情境。

2. 体验的充分性

体验式教学倡导学生在完整的情境中进行充分的体验，这里的充分是指让学生调动起眼、耳、口、手等多种感觉器官，此外还应调动学生个体以往在相关情境中的各种经验，并在情境中获得多种而非单一的感悟。

3. 发展的全面性

促进学生的全面发展是体验式教学的目的，这种全面性既包括学生的知识和技能的发展，也包括学生在体验过程中领悟的学习方法的发展，还包括学生经过特定情境的体验之后获得的情感、态度和价值观的发展等。

（三）独特性

体验式教学过程中，学生所获得的体验并不完全相同，而是具有独特性。这种独特性的体验主要是由学生以往的知识、经验以及人生观、价值观和世界观的不同和学生的思考方式等决定的。

（四）自主性

体验式教学强调以学生为学习的主体，而学生在体验式教学中的表现具有自主性，具体表现在学生可以在教师创设的情境之中进行情境的再创设，创设具有个性化的学习情境。此外，体验式教学的自主性还表现在学生融入体验情境，并在其中发挥主动性和积极性均取决于学生自身。

（五）生成性

体验式教学注重学生的体验过程，即生成。体验式教学的生成性从心理学角度确认了学生所拥有的主体作用和环境的相互作用，对当代教学过程观极具指导作用。

（六）开放性

体验式教学具有开放性的特征，主要表现在体验主体的开放性、体验目标的开放性、体验内容的开放性、体验形式的开放性等方面（表 6–5）。

表 6-5　体验式教学方法的开放性特征的表现一览表

序号	表现	说明
1	体验主体的开放性	学生是体验式教学的主体，在体验式教学过程中必须充分发挥学生的主体性，而学生在体验式教学中人数多少、融入程度以及体验结果等均具有开放性
2	体验目标的开放性	体验式教学的目标并不是单一的目标，而是多元化的目标，包括知识与技能层面的目标、过程与方法层面的目标、情感的目标、态度与价值观的目标等
3	体验内容的开放性	体验内容主要以情境为基础，而情境既可以是过去的情境，也可以是未来的情境；既可以是生活中的情境，也可以是自然中的情境；既可以是实际情境，也可以是虚拟情境
4	体验形式的开放性	体验式教学中的体验形式具有多样性，既可以是直接体验，也可以是间接体验；既可以是封闭体验，也可以是开放体验

（七）实践性

体验式教学以体验为主，是一种从实践到认识的过程，需要学生亲身参与体验，从这一视角来看，体验式教学具有实践性的特征。

（八）创新性

体验式教学是一种形成体验—获得感悟—再体验—再感悟的过程，在这一过程中，学生能够进行各种创新活动。从这一视角来看，体验式教学可以培养学生的创新精神和创新能力。

三、体验式教学方法的价值与意义

体验式教学与传统教学方法相比，具有如下价值和意义。

（一）体验式教学能够保证学生在课堂的主体地位

在传统教学中，教师作为知识的拥有者，通常在课堂教学中起着讲授和传递书本知识的作用，而学生则是知识的被动接受者和承担者。教师通过各种教育手段将知识传播给学生，而学生在学习过程中只需要接受知识即可。这一过程忽视了学生学习的主动性。

体验式教学与传统教学方法不同，其核心是建立学生在课堂教学中的主体地位，并引导学生根据各自的需要，按照各自的方式，适应各自的特点对知识进行观察和感悟，从中获得知识。由此可见，体验式教学方法强化了学生对教学的主动参与性和对学习内容的积极把握，保证了学生在教学活动中的主体地位。

（二）体验式教学有利于学生将理论知识转化为实践经验

体验式教学方法注重引导学生在认知的基础上实现知识的内化，使书本上所学的理论知识转变为能够应用于现实社会的实践经验。高职教育注重培养应用型人才，强调校企结合，培养毕业后即了解行业企业实践的技能人才。体验式教学方法不仅强调书本上理论知识的重要性，还将理论知识应用于实践，通过让学生在实际生活和生产实践中学习，帮助和引导学生将书本上的理论知识转化为实践经验。

四、体验式教学方法应用于高职旅游专业的原则

体验式教学方法应用于高职旅游专业应当坚持以下几个原则。

（一）教法与学法相统一原则

教学方法是教法与学法的统一，既指教的方法，也指学的方法，在教学实践中，教与学往往处于对立甚至相悖状态，从而导致教学矛盾。此外，教法与学法的不协调，容易引发种种教学矛盾。高职院校教师在教学方法创新上则倡导教与学的优化组合，使教与学相互适应、相互促进，并且在心理上相互协调和激励，从而对教与学之间的矛盾进行协调和解决。教法与学法的统一原则要求教师的“教”应从学生的学习实际出发，对学生的“学”的可接受程度进行深入分析，并且以合适的方法组织教学，以提高学生学习效率。因此，将体验式教学方法应用于高职旅游专业教学时，应当注重教法与学法相统一。

（二）知识传授与能力训练相统一原则

高职院校教师教学模式是一种特殊的教学模式，其不仅需要进行大量的理论教学，还要进行实践教学，以训练和培养教师的综合素质与能力。任何学习均离不开知识的学习，因此，高职院校教师教学方法的创新也应以知识传授为主，根据教学内容和学生特点等，对知识传授的方法和模式进行创新。除了知识传授之外，在高职院校教师教学创新中还应注重实践能力训练。坚持知识传授与能力训练相统一的原则，通过体验式教学方法培养学生的综合能力。

（三）传统教学方法与现代化教学手段相结合原则

高职院校的传统教学方法以知识讲授为主，大多仅仅借助书本和简单的教具进行教学。随着科技的发展，越来越多的科技成果被应用到教学中，极大地丰富了高职院校教师教学的手段。例如，声光电技术在高职院校教师教学中的应用等。

在高职院校旅游专业中应用体验式教学方法也应当与现代化教学手段相结合，利用声光电及数字媒体带给学生更加真实的体验，提高学生学习的主动性和积极性。

五、体验式教学方法应用于高职旅游专业的策略

体验式教学方法在高职旅游专业中的应用范围十分广泛，具体来说，可从以下几个方面着手。

（一）制定科学的体验式教学人才培养方案

我国传统的高职旅游专业教学方式不符合产教深度融合的趋势，也不符合当代大学生的认知规律。为了提升高职旅游专业的课堂教学氛围，我国高职旅游专业相关院系应当通过多元化渠道对旅游专业的相关市场进行全方位的了解，并据此制定专业人才的培养目标，对旅游专业人才的需求和具体能力要求进行明确规定。待旅游专业人才的培养目标确定

后，则根据教学总体目标，结合阶段性教学目标合理安排课时和上课地点，适当增加实践类课程的课时安排。在教学过程中，充分利用校企合作的方式为学生提供在真实的环境中体验的机会，让学生得以面对社会上真实的旅游专业职业环境，并在实践中锻炼自己，将在学校课堂上所学的理论知识转化为实践经验。

（二）根据体验式教学目标改进旅游相关专业的教学内容

在高职旅游专业应用体验式教学方法时应当根据教学目标改进旅游相关专业的教学内容。首先，应当结合教学目标对教材进行必要的改革，有实力的院校甚至可以根据本校的旅游专业设置开发适合本校专业特色的校本教材。在教材编写中，选用实践性强、开放式的、新颖的知识以培养旅游专业人才的核心职业素养。其次，在进行旅游专业教学时，应当注重实践性教学环节的创新，让学生在掌握一定理论知识的基础之上，在实践学习时将理论知识与实际相结合，强调对实际操作步骤的教学，提高学生的实践能力。

（三）不断丰富体验式教学方式

体验式教学方法在高职旅游专业中应用时可以借助多种教学方式激发学生的学习潜力，培养学生的实践能力。

1. 实地案例教学方式

实地案例教学方式是指在高职旅游专业教学中，教师根据教学内容来设置教学场景，可以将教学场景设置在教室，也可以将教学场景设置在旅游景点或旅游景点的酒店、餐饮企业等，让学生亲身体验旅游专业所涉及的相关流程和注意事项。这种实地案例教学方式，能够促使学生巩固已经学习过的知识，同时有效提高学生对知识的运用能力，提高学生的业务实际操作水平。

2. 情感体验教学方式

高职旅游专业所培养的人才大多数会在毕业后进入旅行社或旅游相关机构工作。在高职旅游专业教学中应当培养学生对旅游景点的情感体验能力，提高学生的文化素养，从而为学生毕业走上工作岗位后能够热爱其职业，并在其职业岗位上充分发挥主观能动性，结合自身的情感体验向游客传播文化。

情感体验教学方式通过教师在课堂上组织学生设计和模拟旅游相关职业的方式，让学生如同身临其境般地体验旅游相关职业，在这一过程中对学生的情感、世界观和价值观进行正确的引导。

综上所述，高职旅游专业作为实践性较强的专业，十分适合应用体验式教学方法，而在应用体验式教学方法时也应当遵循一定的原则，实施一定的策略提高学生的学习效果。

第三节 线上教学创新

线上教学是伴随着我国互联网技术的兴起而诞生的教学方式，本节主要对线上教学及其在高职旅游专业中的应用进行分析。

一、互联网线上传播与线上教学

20世纪末，互联网技术的发展，为线上教学的出现奠定了良好的基础。

（一）互联网线上传播的特点

与传统传播方式不同，互联网线上传播具有以下特点。

1. 互联网线上传播具有多元化和多样化的特点

（1）互联网线上传播方式和接收终端的多样化和综合化。传统大众媒体传播是一种单一的传播方式。例如，电视传播是一种以电视节目为媒介的传播方式；报纸传播是一种以报纸为媒介的传播方式。互联网线上传播则呈现出多样化和综合化的特点，既可以是一种单一的传播，同时也可以兼容电视、电影、广播、报纸、杂志等传播形式。

互联网传播以互联网技术作为依托，实现了传播方式的多样化，在线接收信息的终端既可以是电脑，也可以是手机、平板电脑等，接收终端呈现出多样化的倾向。

（2）实现了同一内容的多媒介传播。互联网线上传播融合了传统媒介的表达形式，还打破了媒介之间的壁垒，使同一信息实现了多介质传播。同一信息可以在报纸、杂志、广播、电视、互联网、手机等多种媒介上进行传播。

（3）推动了传统信息生产和处理方式的转变。互联网线上传播借助数字技术实现了传统信息生产和处理方式从模拟流程向数字流程的转变。无论是信息生产方式，还是信息传播、信息存储形式均较之传统媒体产生了颠覆式的变化。

2. 互联网线上传播的交互性特点

交互性是互联网线上传播的重要特点之一，也是互联网线上传播的本质特点。互联网线上传播打破了传统媒体点对面的单向线性传播方式，采用交互传播方式实现了点对面、点对点和面对面的传播，体现出“处处是边缘，无处是中心”的传播特点。

传统大众媒体传播是由专门的机构在特定的地点和空间进行的传播活动，均有明显的传播中心。例如，电视媒介的传播中心为电视台，广播媒介的传播中心为广播电台，报纸和期刊、书籍等媒介的传播中心则是报社、杂志社、出版社等。

互联网线上传播的结构是四通八达、没有边界、没有中心的分散式结构，每一位用户都是互联网传播结构中的信息制造者、传播者以及接收者。在互联网线上传播信息中，没有天然的权威，每位用户无论其种族、职业、年龄、权势如何，都是平等的主体，除了传统的大众媒体可以在网络上发布和传播信息外，每一位网络用户均可在网络上发布和传播信息。这种方式使得网络信息传播中，人人都是一个自媒体，因此互联网线上传播呈现出无中心传播的特点。

3. 互联网线上传播的非线性传播特点

传统媒体传播是一种线性传播，也是一种自上而下的传播，传统信息的传播方式是传播者—信息内容—媒体—受众—效果，这种传播带有明显的单向流动性特点，在这种传播方式中，传统大众媒体占据了绝对主导地位，受众则是信息的接收者。例如，报纸作为一种信息传播媒介，其信息直接传播至订阅报纸的人群。而互联网线上传播则是一种非线性传播，强调受众的自主选择与反馈。

互联网线上传播打破了这一线性传播形式，实现了双向互动，甚至多向互动传播。互联网线上传播与传统媒体自上而下的传播不同，是一种自下而上的传播，其传播方式由传统大众媒体的单向流动向点对点的双向互动传播方式转变。互联网线上传播中的信息受众同时也是信息的提供者与发布者，互联网在线用户在浏览信息时，可以通过转发、评论或关注等多种方式与信息的发布者进行交流与互动，行使选择权、意见权以及参与权。除了双向互动之外，互联网线上传播还可以实现多向互动传播。

4. 互联网线上传播的即时性和共享性特点

传统媒体传播具有固定的出版周期和播出时间，对版面和时长均有着严格的要求和规定，且传统媒体传播受时空限制较大。而互联网线上传播则打破了传统媒体传播的时空限制，呈现出即时性和共享性的特点。

互联网线上传播依托网络技术，其信息传播速度以秒计算，可以在瞬间传播至世界各个角落，实现即时发布信息和接收信息的效果。对信息发布者而言，互联网线上传播的即时性可以实现随时更新和发布信息，以及 24 小时不间断发布信息，以便受众在第一时间了解信息。而受众在接收信息后，还可以随时随地进行信息评论和信息共享。

5. 互联网线上传播的个性化服务和小众化传播特点

传统媒体传播属于大众传播范畴，其受众具有大众性特点。传统媒体所传播的信息大同小异，大众可以选择阅读哪份报纸、观看哪个频道的新闻，然而对信息内容没有干预权和选择权。

而互联网线上传播除了面向大众传播信息之外，还能够为受众提供个性化服务，从而在大众传播之外实现小众化传播。互联网线上传播可以为受众提供个性化服务。例如，微信用户可以自主选择微信头像、背景，以及对交流互动对象进行分组，还可以自主选择与谁进行交流，以及屏蔽谁的信息。又如，微博用户可以自主对主页进行装饰，从页面排版、好友管理到图片视频的分享等均体现出较强的自主性。

除此之外，互联网在线信息传播中，用户还可以自主决定接收信息的种类、时间以及对信息进行评论和分享，等等。

借助互联网检索引擎技术，互联网在线用户可以根据不同的兴趣、爱好、职业等形成一个个不同的小圈子，例如，微信群、QQ 群、BBS 论坛等。这些小圈子中发布的信息通常具有小众性，从而体现出互联网线上传播小众化传播的特点。

6. 互联网线上传播线的媒介融合特点

互联网线上传播是一种对各种传统媒体传播形式的融合，不断地丰富着现代化信息传播方式和表达方式，推动着媒介融合的发展。

互联网线上传播兼容了文字、图片、声音、动画、影像等多种传播信息，并且能够实现各类信息的不同组合。通过不同的组合方式进行信息表述、信息保存、信息发送。因此，从这一视角来看，互联网线上传播可以结合不同传统大众媒体的优点。除此之外，传统媒体传播借助新技术也可以蜕变为互联网线上传播。例如，传统电视节目借助数字电视技术，可以朝着数字互动电视转变。观众在观看电视节目的同时，也可以实现自主搜索，从而摆脱传统电视传播的线性传播形式，朝着互联网线上传播方向发展。

（二）互联网线上教学的兴起与发展

互联网线上教学又称为在线教学、远程教学或网络教学，是基于卫星、电视、电话、邮件等方式开展的教学方式。

互联网线上教学肇始于20世纪70年代，兴起于21世纪的现代远程教育试点。

20世纪末期，随着科学技术的飞速发展，越来越多的技术手段被应用于教学活动之中，尤其是21世纪以来，随着互联网通信技术的发展和应用，高等院校的教学手段也日益先进。数字音像技术、卫星广播电视技术、多媒体计算机技术和人工智能技术、交互网络通信技术和虚拟现实仿真技术等现代信息技术被广泛应用到教育领域，线上教学成为教育教学领域的重要发展趋势。

线上教学主要可以划分为两种模式（表6–6）

表 6-6 线上教学模式一览表

模式	内涵	优势	说明
同步在线教学模式	同步在线教学模式是利用直播类教学工具（实时通信媒体）构建虚拟教室，可实施一对一、一对多的同步在线教学	直播系统和视频会议平台能够基本满足此类在线教学的需求	1. 知识要有效地镶嵌入情境中，培养学生的问题解决能力； 2. 要关注以任务驱动的方式推进自我调控的学习，培养学生的自主学习能力； 3. 可以基于同伴互评的形式开展小组合作学习，培养学生的合作交流能力和思辨能力； 4. 可以提供合适的学习支架，培养学生的批判性思维能力； 5. 可以以合作辩论的方式促进学生思维拓展，培养学生的创造性思维能力； 6. 可以适时、适当地转变角色，加强学生的课后辅导
异步在线教学模式	异步在线教学指教师和学生不仅仅在空间上分离，在时间上也是分离的，教师的教授和学生的学习是在不同的时间内完成的	异步在线教学能够适应学生灵活的时间安排，允许学生灵活支配时间，根据个人学习特点自我调节学习节奏	1. 异步教学的关键是要有完整的教学活动的设计，不是堆砌资源，而是从内容开发到教育过程的开发，从面向教学内容的设计到面向学习过程的设计； 2. 在教学视频录制之前，教师应该做好详细的教学设计，并保持对学习内容的持续性更新； 3. 学习支持服务在此类教学模式中尤为重要，要组织好讨论、答疑、作业、作品展示等系列在线交互活动，激励学生的学习投入性，保持学习的持续性； 4. 在课程开始前教师需要结合课堂目标设计好评价方案，确保学生明确教学评价方式，并能够采取激励性评价措施调动学生的学习主动性

高职旅游专业教育作为一种应用性较强的教育，旅游专业学生在校学习一段时间之后，需要到企业进行实践学习，此时，为了确保旅游专业学生的学习状态，巩固旅游专业学生的学习效果，高职院校可以在传统课堂的基础之上构建线上课堂，打造精品在线课程，以适应互联网时

代和知识时代学生的学习习惯，创新教学方式。

二、线上教学创新在高职旅游专业的应用策略

线上教学创新在高职旅游专业的应用策略可从以下几个方面着手。

（一）打造信息化教学平台

信息化是20世纪60年代最早在日本出现的概念，由日本学者从社会产业结构的角度提出。教育信息化是以现代信息化技术作为基础而构建的新教育体系，教育信息化包括教育观念、教育组织、教育内容、教育模式、教育技术、教育评价、教育环境等方面的改革和变化。

教育信息化不仅开发了纸质书本形态的文字教材，还开发了多种非书籍形态的音像教材、教学辅助软件、多媒体教学软件和课件以及电子出版物形态的新型教材等。这些新型教材为高职院校旅游专业教师教学中新的教学手段的应用奠定了基础。除此之外，新的数字形态教材等资源，打破了传统教学中教师掌握和拥有知识的特点，使得学生可以借助数字化教学资源充分了解所学知识。

由于互联网信息技术的便捷性，学生们随时随地可通过网络获取原有的书本知识，甚至书本知识的相关知识等。

随着教育信息化技术的发展与应用，高职院校旅游专业运用数字信息技术建设电子图书馆，并将地区甚至全国的教育信息资源连接起来，使教学资源的获取手段更加丰富。而随着高职院校旅游专业交互式多媒体教室、演示型多媒体教室、专用学科教学科研媒介等的建立，高职院校旅游专业教师教学手段打破了原有的传统教学手段的桎梏，产生了较大革新。

例如，演示型多媒体组合课堂教学，是在多媒体教室中，充分利用视频平台、投影电视、多媒体计算机和录像机等现代媒体技术，使教师教学在使用传统教学手段进行教学的同时结合现代教学手段进行教学。

多媒体计算机和网络教学是指利用多媒体网络教室进行演示教学。交互型多媒体计算机个别化教学是指利用多媒体网络技术，或多媒体资源进行人机交互学习。新的教师教学手段创新，不仅打破了传统的、单一的教师教学方法的限制，还有效激发了学生的学习兴趣，充分发挥了学生学习的主体作用，提升了教学效率，较大地减轻了学生的负担。除此之外，高职院校旅游专业教师教学中的人机交互教学手段等的应用，还在一定程度上减轻了教师教学负担，使教师将更多精力放在提升学生能力和整体素质培养等方面。

（二）打造精品在线课程

精品在线课程能够满足高职旅游专业学生的个性化学习需求，有利于学生在传统课堂学习和教育实践中充分整合和利用碎片化时间。

教育部十分重视线上教学的创新，倡导在高职教育领域打造精品在线课程。

2018 年，教育部印发的《教育信息化 2.0 行动计划》中指出：“通过实施教育信息化 2.0 行动计划，到 2022 年基本实现‘三全两高一大’的发展目标，即教学应用覆盖全体教师、学习应用覆盖全体适龄学生、数字校园建设覆盖全体学校，信息化应用水平和师生信息素养普遍提高，建成‘互联网 + 教育’大平台，推动从教育专用资源向教育大资源转变、从提升师生信息技术应用能力向全面提升其信息素养转变、从融合应用向创新发展转变，努力构建‘互联网 +’条件下的人才培养新模式、发展基于互联网的教育服务新模式、探索信息时代教育治理新模式。”

《职业教育提质培优行动计划（2020—2023 年）》中提出了“分级遴选 5000 门左右职业教育精品在线课程”的要求，2022、2023 年分两批遴选不少于 2000 门职业教育国家精品在线课程，其中 2022 年遴选 1000 门左右。带动分批遴选建设不少于 3000 门省级精品在线课程和一大批优质校级精品在线课程。

2022年，中共中央办公厅、国务院办公厅印发《关于深化现代职业教育体系建设改革的意见》中指出，做大做强国家职业教育智慧教育平台，建设职业教育专业教学资源库、精品在线开放课程、虚拟仿真实训基地等重点项目，扩大优质资源共享，推动教育教学与评价方式变革。

高职旅游专业打造精品在线课程可从以下几个方面着手。

1. 搭建资源管理平台，提高资源利用效率

伴随着我国对高职教育线上精品课程的重视，近年来，教育部每年组织职业教育国家精品在线课程的遴选，鼓励高职院校打造精品在线课程。而精品在线课程的打造首先应当搭建标准化的管理平台，提供操作便捷的课程网站，确保精品在线课程的浏览和播放，允许大规模学习者注册和在线学习，同时还应当支持多种移动终端。唯有如此才能确保精品在线课程的顺利播放，提高资源利用效率。

2. 定期更新课程资源，增强资源的适用性

知识时代，各个专业的前沿知识更新迭代速度加快，对于高职旅游专业来说，伴随着旅游新业态的出现，旅游精品在线课程也应当适时更新，以确保精品在线课程的实用性，增强精品在线课程资源的适用性，为高职旅游专业人才的专业能力提升提供切实有效的助力。

3. 创设师生交互环境，提高人才培养质量

精品在线课程为高职旅游专业学生提供了良好的在线学习途径，但也存在一些知识难度系数较高的情况。因此，精品在线课程中创设师生交互环境十分重要。教师除了对知识进行讲解之外，在打造精品在线课程时还应当构建师生交流的通道，创设师生交互环境，不断提升高职旅游专业人才培养质量。

4. 构建动态化和多样化的评价机制

精品在线课程在锻炼学生实操能力、提供更多实训实践机会等方面起着重要作用。为了进一步提升精品在线课程的效果，高职院校和国家教育有关部门应当构建动态化和多样化的评价机制，确保精品在线课程的质量。

综上所述，互联网时代为了满足高职旅游专业学生的多样化学习需求，高职院校应当充分利用在线课程进行教学，这有利于充分利用互联网时代的技术优势实现知识共享，为高职旅游专业人才的职业技能培养奠定良好的基础。

参考文献

[1] 梁凤鸣，何玉洁 . 大学生思想品德修养 [M]. 哈尔滨：哈尔滨工程大学出版社， 1995.

[2] 谈世中 . 世界经济年鉴：2001 年卷 [M]. 北京：经济科学出版社，2001.

[3] 王培英 . 跨文化交流 [M]. 北京：旅游教育出版社， 2007.

[4] 希尔斯 . 学术的秩序：当代大学论文集 [M]. 北京：商务印书馆，2007.

[5] 单波 . 跨文化传播的问题与可能性 [M]. 武汉：武汉大学出版社，2010.

[6] 冯克诚 . 认知发现学习理论与论著选读 [M]. 北京：人民武警出版社， 2011.

[7] 姜秀珍 . 中国跨国企业外派人员回任管理 [M]. 上海：华东理工大学出版社， 2011.

[8] 庞树奇，范明林 . 普通社会学理论 [M]. 上海：上海大学出版社，2011.

[9] 张劲梅 . 心理学视野下西南少数民族大学生的文化适应 [M]. 昆明：云南人民出版社， 2013.

[10] 欧阳忠明，肖玉梅，肖菲 . 终身教育：探寻学习的财富 [M]. 重庆：西南大学出版社，2014.

[11] 耐普，戴利 . 人际传播研究手册 [M]. 4 版 . 上海：复旦大学出版社，2015.

[12] 朱先奇 . 制度创新与中国高等教育 [M]. 北京：中国社会出版社，2006.

[13] 张华，李凌 . 智慧旅游管理与实务 [M]. 北京：北京理工大学出版社，2017.

[14] 吴国清，申军波，冷少妃，等 . 智慧旅游发展与管理 [M]. 上海：上海人民出版社， 2017.

[15] 杨道衡 . 当前我国上市公司财务综合分析研究：基于国际化视角 [M]. 长春：东北师范大学出版社， 2018.

[16] 朱宛霞 . 地方高校转型发展与教师角色认同的探索 [M]. 北京：中国商务出版社，2018.

[17] 王倩 . 心理语言学与外语教学实践 [M]. 北京：九州出版社， 2017.

[18] 刘小庆，俞林辉，王村芳 . 大学生顶岗实习与就业指导 [M]. 北京：人民邮电出版社，2020.

[19] 顾作义，钟永宁 . 守望中国价值：中国传统文化理念二十六讲 [M]. 广州：广东人民出版社， 2019.

[20] 李兆义，桑苏玲，杨彦栋 . 现代教育技术 [M]. 北京：北京理工大学出版社， 2019.

[21] 徐光兴 . 跨文化适应的留学生活：中国留学生的心理健康与援助 [M]. 上海：上海辞书出版社， 2000.

[22] 杨恩泽 . 新时代高校建构主义教学模式研究 [M]. 长春：吉林大学出版社 , 2020.

[23] 中国旅游研究院 . 2019 年中国旅游经济运行分析与 2020 年发展预测 [M]. 北京：中国旅游出版社， 2020.

[24] 路仙伟，贾国安 . 论新形势下的教师发展 [J]. 唐山学院学报，2009，22（5）：106.

[25] 陈晶 . 工匠精神视域下民办高校学生职业能力教育路径研究 [J]. 中外企业家，2019（14）：154–155.

[26] 洪雪 . 人力资源管理和组织行为学的应用研究 [J]. 黑龙江人力资源和社会保障，2022（7）：73–75.

[27] 吴兰桂，丁宗胜 . 教育信息化背景下高职教材建设研究 [J]. 无锡商业职业技术学院学报，2017，17（1）：98–101.

[28] 陈新，马永红 . 文化碰撞中的个体发展：文化适应理论及研究 [J]. 心理月刊，2022，17（6）：234–240.

[29] 黄萌萌 . 带你了解德国“双元制”教育 [J]. 百科知识，2022（14）：69–72.

[30] 姜立 . 高职精品课建设中“提质培优”的实践研究 [J]. 辽宁高职学报，2022，24（9）：66–68，73.

[31] 郑帅普 . 提质培优视域下工匠精神融入高职思想政治教育的三重逻辑 [J]. 长沙航空职业技术学院学报，2022，22（3）：50–55.

[32] 徐宜宜 . 提质培优背景下高职院校专创融合协同育人有效机制的实践与分析：基于对杭州 4 所高职院校的调研 [J]. 晋城职业技术学院学报，2022，15（5）：55–59.

[33] 郑晓明 . 提质培优背景下高职院校教师发展体系的建构与实践：以 A 院为例 [J]. 安徽商贸职业技术学院学报，2022，21（3）：68–71.

[34] 范慧慧 . 提质培优背景下高职专业教学团队建设策略：基于学习型组织理论 [J]. 宁波职业技术学院学报，2022，26（4）：87–92.

[35] 张建军，王赫，张冉，等 . 提质培优视域下高职院校劳动教育实施路径研究 [J]. 工业技术与职业教育，2022，20（4）：1–4.

[36] 牛国林 . 提质培优视域下高职院校治理能力建设研究 [J]. 辽宁高职学报，2022，24（8）：1–4，10.

[37] 董彦宗 . 提质培优背景下高职教师队伍建设的逻辑、困境及策略 [J]. 教育与职业，2022（16）：72–77.

[38] 刘佳，罗羽涵，汪晓万 . 弋阳腔伴奏中的器乐艺术特征 [J]. 戏剧

之家，2022（21）：45–47.
[39] 马英杰．高职教育提质培优背景下师德师风建设策略研究 [J]. 公关世界，2022（14）：15–16.
[40] 钱嫄，高燕．提质培优背景下高职院校师资国际化建设研究 [J]. 实验技术与管理，2022，39（7）：212–218，223.
[41] 葛晶．提质培优背景下高职课堂革命的创新路径探析 [J]. 辽宁高职学报，2022，24（7）：44–47.
[42] 周晶晶，邹吉权．提质培优建设背景下高职院校内部治理的现状及策略研究 [J]. 中国职业技术教育，2022（19）：75–84.
[43] 张成飞．高职院校“三全育人”实践路径探索 [J]. 石家庄职业技术学院学报，2022，34（3）：15–18.
[44] 吴勇园，虞昌亮．立德树人视域下高职院校质量文化建设探究 [J]. 连云港师范高等专科学校学报，2022，39（2）：77–81.
[45] 王晶晶．提质培优背景下高职课程思政实施的路径研究 [J]. 辽宁高职学报，2022，24（6）：55–58.
[46] 陈荣．提质培优背景下课程思政融入路径研究：以教育学课程为例 [J]. 辽宁师专学报（社会科学版），2022（3）：47–50.
[47] 钟品妍，李云飞．“提质培优”背景下高职院校特色文化建设 [J]. 淮北职业技术学院学报，2022，21（3）：49–52.
[48] 周艺红，王正才，张振．提质培优背景下高职院校工科人才培养的四个导向：以宁波职业技术学院“模具工匠”培养为例 [J]. 职教通讯，2022（6）：97–102.
[49] 杨丽，李体红．“提质培优”新阶段高职教育和开放教育协同育人模式研究 [J]. 焦作大学学报，2022，36（2）：112–115.
[50] 钟庆文，聂伟进，李曙生．高职师资培训项目提质培优：逻辑依

据、重点任务与实施路径 [J]. 职业技术教育，2022，43（14）：46–50.

[51] 任睿文，徐涵 . 新加坡职业教育体系：嬗变、特点及启示 [J]. 职教通讯，2022（3）：88–96.

[52] 邹娟茹 . “三教”改革背景下“无人机摄影测量技术”课程的改革与思考 [J]. 科技与创新，2022（20）：121–123，126.

[53] 周斌 . 基于“三教”改革的会计类专业人才培养体系构建研究 [J]. 经济师，2022（10）：171–172.

[54] 何勉，佟建波 . 中职学校“三教”改革与“1+X”证书制度融合路径的探索与实践：以广西玉林农业学校为例 [J]. 职业，2022（18）：30–33.

[55] 马国勤 . 高职教学督导推动“三教”改革的研究与实践 [J]. 武汉船舶职业技术学院学报，2022，21（3）：23–27.

[56] 肖梦娜 . “三教”改革背景下教师教学评价体系的研究与实践 [J]. 创新创业理论研究与实践，2022，5（18）：63–65.

[57] 邹青海，董宇，武启萌，卢再水 . “十四五”时期我国体育旅游人才的需求特征、培养目标与体系构建 [J]. 黑龙江生态工程职业学院学报，2022，35（5）：27–32.

[58] 张景生 . 基于“三教”改革的“电工应用技术”课程教学研究与实践 [J]. 轻工科技，2022，38（5）：181–183.

[59] 蒋丽霞，蒋丽波，杨华 . 基于“三教”改革背景下高职活页式教材开发探索 [J]. 林区教学，2022（9）：64–67.

[60] 边亮 . “职教 20 条”视域下“三教”改革的动因、内涵和实践路径 [J]. 河北能源职业技术学院学报，2022，22（3）：5–8，17.

[61] 严灵灵 . 高职旅游管理专业现状分析及思考：以“十四五”文旅

融合要求为标准 [J]. 漳州职业技术学院学报，2022，24（3）：38–49.

[62] 施捷．“三教”改革背景下五年制高职服装专业课程教学设计的实践研究 [J]. 职教通讯，2022（9）：24–29.

[63] 钟鸣．“1+X”证书制度下新工科专业“三教”改革的探索：以苏州市职业大学工业机器人专业为例 [J]. 科技与创新，2022（17）：84–86，92.

[64] 王曦．基于秘书事务所的法律文秘专业“三教”改革路径研究 [J]. 秘书之友，2022（9）：31–34.

[65] 朱飞晔．“三教”改革背景下高职院校活页式教材开发与研究：以《幼儿园教育活动设计与指导》课程为例 [J]. 陕西教育（高教），2022（9）：76–77.

[66] 王顺波，姜威，孔锋．“三创”教育背景下职业院校“三教”改革阻力的表征、归因与消解 [J]. 江苏高职教育，2022，22（3）：83–87.

[67] 陈孝强，汤琼，辜静静．“三教”改革视域下高职院校家政服务与管理专业人才培养模式创新研究：以十堰地区为例 [J]. 湖北工业职业技术学院学报，2022，35（4）：6–8，25.

[68] 杭彩云．高水平专业群建设推进高职高质量发展：以纺织服装专业群为例 [J]. 轻纺工业与技术，2022（4）：139–141.

[69] 朱丽丽，李井会，潘志忠，等．智能时代高职院校涉农专业的“三教”改革研究 [J]. 现代园艺，2022，45（17）：168–170.

[70] 傅平．“三教”改革背景下新形态教材建设的价值、问题与路径 [J]. 辽宁经济职业技术学院·辽宁经济管理干部学院学报，2022（4）：92–94.

[71] 陈欣．“三教”改革在高职院校的教学探索与实践：以汽车底盘构造与维修课程为例 [J]. 汽车实用技术，2022，47（15）：164-166.

[72] 李方桥，罗莉．“三教”改革背景下动物医学专业“基础化学”教学模式探索 [J]. 安徽化工，2022，48（4）：209-212，216.

[73] 刘芳，黄玉芳，明莉．“三教改革”背景下公差配合与测量技术课程教学改革探讨 [J]. 农机使用与维修，2022（8）：178-180.

[74] 王莎．高职专业课程中的课程思政实践研究：以《混凝土结构施工图识读》课程为例 [J]. 襄阳职业技术学院学报，2022，21（4）：66-69.

[75] 张雪松，赵珈禾．STEAM 教学活动在医学院校高职高专妇科实训中的探索与实践 [J]. 名医，2022（12）：189-191.

[76] 韩韬，张俊勇．高质量党建助推高职高水平专业群建设研究：以陕西国防工业职业技术学院机电一体化高水平专业群为例 [J]. 淮南职业技术学院学报，2022，22（3）：69-71.

[77] 王立新．“互联网 +”视角下高职院校学生就业困境对策分析 [J]. 工业和信息化教育，2022（4）：79-83.

[78] 罗慧凡．高职高专大学英语教学现状调查研究：以丽江师范高等专科学校为例 [J]. 昆明冶金高等专科学校学报，2022，38（2）：52-57.

[79] 瞿登辉．教育红利：推进新时代高质量发展的增长点 [J]. 经济师，2022（3）：26-27.

[80] 周雷，邱勋．基于“四位一体”的高职高质量研究性课程教学模式构建：以金融科技系列课程为例 [J]. 中国职业技术教育，2022（5）：69-75，96.

[81] 张佳榕 .21 世纪以来我国高校教师教学研究的热点领域、前沿主题和科学合作分析 [D]. 大连：辽宁师范大学，2018.

[82] 曹玉洁 . 新时代体育教育专业学生职业能力提升的研究：以上海市高等院校体育教育专业培养为例 [D]. 上海：上海师范大学，2021.

[83] 王义澄 . 适应专科教学需要，建设“双师型”教师队伍 [J]. 教材通讯，1991（4）：14–15.

附　录

附录1 国家职业教育改革实施方案

职业教育与普通教育是两种不同教育类型，具有同等重要地位。改革开放以来，职业教育为我国经济社会发展提供了有力的人才和智力支撑，现代职业教育体系框架全面建成，服务经济社会发展能力和社会吸引力不断增强，具备了基本实现现代化的诸多有利条件和良好工作基础。随着我国进入新的发展阶段，产业升级和经济结构调整不断加快，各行各业对技术技能人才的需求越来越紧迫，职业教育重要地位和作用越来越凸显。但是，与发达国家相比，与建设现代化经济体系、建设教育强国的要求相比，我国职业教育还存在着体系建设不够完善、职业技能实训基地建设有待加强、制度标准不够健全、企业参与办学的动力不足、有利于技术技能人才成长的配套政策尚待完善、办学和人才培养质量水平参差不齐等问题，到了必须下大力气抓好的时候。没有职业教育现代化就没有教育现代化。为贯彻全国教育大会精神，进一步办好新时代职业教育，落实《中华人民共和国职业教育法》，制定本实施方案。

总体要求与目标：坚持以习近平新时代中国特色社会主义思想为指导，把职业教育摆在教育改革创新和经济社会发展中更加突出的位置。牢固树立新发展理念，服务建设现代化经济体系和实现更高质量更充分就业需要，对接科技发展趋势和市场需求，完善职业教育和培训体系，优化学校、专业布局，深化办学体制改革和育人机制改革，以促进就业和适应产业发展需求为导向，鼓励和支持社会各界特别是企业积极支持职业教育，着力培养高素质劳动者和技术技能人才。经过5—10年时间，职业教育基本完成由政府举办为主向政府统筹管理、社会多元办学的格局转变，由追求规模扩张向提高质量转变，由参照普通教育办学模式向企业社会参与、专业特色鲜明的类型教育转变，大幅提升新时代职业教育现代化水平，为促进经济社会发展和提高国家竞争力提供优质人才资源支撑。

具体指标：到2022年，职业院校教学条件基本达标，一大批普通本科高等学校向应用型转变，建设50所高水平高等职业学校和150个骨干专业（群）。建成覆盖大部分行业领域、具有国际先进水平的中国职业教育标准体系。企业参与职业教育的积极性有较大提升，培育数以万计的产教融合型企业，打造一批优秀职业教育培训评价组织，推动建设300个具有辐射引领作用的高水平专业化产教融合实训基地。职业院校实践性教学课时原则上占总课时一半以上，顶岗实习时间一般为6个月。“双师型”教师（同时具备理论教学和实践教学能力的教师）占专业课教师总数超过一半，分专业建设一批国家级职业教育教师教学创新团队。从2019年开始，在职业院校、应用型本科高校启动“学历证书+若干职业技能等级证书”制度试点（以下称1+X证书制度试点）工作。

一、完善国家职业教育制度体系

（一）健全国家职业教育制度框架。

把握好正确的改革方向，按照“管好两端、规范中间、书证融通、办学多元”的原则，严把教学标准和毕业学生质量标准两个关口。将标准化建设作为统领职业教育发展的突破口，完善职业教育体系，为服务现代制造业、现代服务业、现代农业发展和职业教育现代化提供制度保障与人才支持。建立健全学校设置、师资队伍、教学教材、信息化建设、安全设施等办学标准，引领职业教育服务发展、促进就业创业。落实好立德树人根本任务，健全德技并修、工学结合的育人机制，完善评价机制，规范人才培养全过程。深化产教融合、校企合作，育训结合，健全多元化办学格局，推动企业深度参与协同育人，扶持鼓励企业和社会力量参与举办各类职业教育。推进资历框架建设，探索实现学历证书和职业技能等级证书互通衔接。

（二）**提高中等职业教育发展水平。**

优化教育结构，把发展中等职业教育作为普及高中阶段教育和建设中国特色职业教育体系的重要基础，保持高中阶段教育职普比大体相当，使绝大多数城乡新增劳动力接受高中阶段教育。改善中等职业学校基本办学条件。加强省级统筹，建好办好一批县域职教中心，重点支持集中连片特困地区每个地（市、州、盟）原则上至少建设一所符合当地经济社会发展和技术技能人才培养需要的中等职业学校。指导各地优化中等职业学校布局结构，科学配置并做大做强职业教育资源。加大对民族地区、贫困地区和残疾人职业教育的政策、金融支持力度，落实职业教育东西协作行动计划，办好内地少数民族中职班。完善招生机制，建立中等职业学校和普通高中统一招生平台，精准服务区域发展需求。积极招收初高中毕业未升学学生、退役军人、退役运动员、下岗职工、返乡农民工等接受中等职业教育；服务乡村振兴战略，为广大农村培养以新型职业农民为主体的农村实用人才。发挥中等职业学校作用，帮助部分学业困难学生按规定在职业学校完成义务教育，并接受部分职业技能学习。

鼓励中等职业学校联合中小学开展劳动和职业启蒙教育，将动手实践内容纳入中小学相关课程和学生综合素质评价。

（三）**推进高等职业教育高质量发展。**

把发展高等职业教育作为优化高等教育结构和培养大国工匠、能工巧匠的重要方式，使城乡新增劳动力更多接受高等教育。高等职业学校要培养服务区域发展的高素质技术技能人才，重点服务企业特别是中小微企业的技术研发和产品升级，加强社区教育和终身学习服务。建立“职教高考”制度，完善“文化素质＋职业技能”的考试招生办法，提高生源质量，为学生接受高等职业教育提供多种入学方式和学习方式。在学前教育、护理、养老服务、健康服务、现代服务业等领域，扩大对初中毕业生实行中高职贯通培养的招生规模。启动实施中国特色高水平高等职业学校和专业建设计划，建设一批引领改革、支撑发展、中国特色、世界水平的高等职业学校和骨干专业（群）。根据高等学校设置制度规定，将符合条件的技师学院纳入高等学校序列。

（四）完善高层次应用型人才培养体系。

完善学历教育与培训并重的现代职业教育体系，畅通技术技能人才成长渠道。发展以职业需求为导向、以实践能力培养为重点、以产学研用结合为途径的专业学位研究生培养模式，加强专业学位硕士研究生培养。推动具备条件的普通本科高校向应用型转变，鼓励有条件的普通高校开办应用技术类型专业或课程。开展本科层次职业教育试点。制定中国技能大赛、全国职业院校技能大赛、世界技能大赛获奖选手等免试入学政策，探索长学制培养高端技术技能人才。服务军民融合发展，把军队相关的职业教育纳入国家职业教育大体系，共同做好面向现役军人的教育培训，支持其在服役期间取得多类职业技能等级证书，提升技术技能水平。落实好定向培养直招士官政策，推动地方院校与军队院校有效对接，推动优质职业教育资源向军事人才培养开放，建立军地网络教育资源共享机制。制订具体政策办法，支持适合的退役军人进入职业院校和普通本科高校接受教育和培训，鼓励支持设立退役军人教育培训集团（联盟），推动退役、培训、就业有机衔接，为促进退役军人特别是退役士兵就业创业做出贡献。

二、构建职业教育国家标准

（五）完善教育教学相关标准。

发挥标准在职业教育质量提升中的基础性作用。按照专业设置与产业需求对接、课程内容与职业标准对接、教学过程与生产过程对接的要求，完善中等、高等职业学校设置标准，规范职业院校设置；实施教师和校长专业标准，提升职业院校教学管理和教学实践能力。持续更新并推进专业目录、专业教学标准、课程标准、顶岗实习标准、实训条件建设标准（仪器设备配备规范）建设和在职业院校落地实施。巩固和发展国务院教育行政部门联合行业制定国家教学标准、职业院校依据标准自主制订人才培养方案的工作格局。

（六）**启动1+X证书制度试点工作**。

深化复合型技术技能人才培养培训模式改革，借鉴国际职业教育培训普遍做法，制订工作方案和具体管理办法，启动1+X证书制度试点工作。试点工作要进一步发挥好学历证书作用，夯实学生可持续发展基础，鼓励职业院校学生在获得学历证书的同时，积极取得多类职业技能等级证书，拓展就业创业本领，缓解结构性就业矛盾。国务院人力资源社会保障行政部门、教育行政部门在职责范围内，分别负责管理监督考核院校外、院校内职业技能等级证书的实施（技工院校内由人力资源社会保障行政部门负责），国务院人力资源社会保障行政部门组织制定职业标准，国务院教育行政部门依照职业标准牵头组织开发教学等相关标准。院校内培训可面向社会人群，院校外培训也可面向在校学生。各类职业技能等级证书具有同等效力，持有证书人员享受同等待遇。院校内实施的职业技能等级证书分为初级、中级、高级，是职业技能水平的凭证，反映职业活动和个人职业生涯发展所需要的综合能力。

（七）**开展高质量职业培训**。

落实职业院校实施学历教育与培训并举的法定职责，按照育训结合、长短结合、内外结合的要求，面向在校学生和全体社会成员开展职业培训。自2019年开始，围绕现代农业、先进制造业、现代服务业、战略性新兴产业，推动职业院校在10个左右技术技能人才紧缺领域大力开展职业培训。引导行业企业深度参与技术技能人才培养培训，促进职业院校加强专业建设、深化课程改革、增强实训内容、提高师资水平，全面提升教育教学质量。各级政府要积极支持职业培训，行政部门要简政放权并履行好监管职责，相关下属机构要优化服务，对于违规收取费用的要严肃处理。畅通技术技能人才职业发展通道，鼓励其持续获得适应经济社会发展需要的职业培训证书，引导和支持企业等用人单位落实相关待遇。对取得职业技能等级证书的离校未就业高校毕业生，按规定落实职业培训补贴政策。

（八）实现学习成果的认定、积累和转换。

加快推进职业教育国家“学分银行”建设，从2019年开始，探索建立职业教育个人学习账号，实现学习成果可追溯、可查询、可转换。有序开展学历证书和职业技能等级证书所体现的学习成果的认定、积累和转换，为技术技能人才持续成长拓宽通道。职业院校对取得若干职业技能等级证书的社会成员，支持其根据证书等级和类别免修部分课程，在完成规定内容学习后依法依规取得学历证书。对接受职业院校学历教育并取得毕业证书的学生，在参加相应的职业技能等级证书考试时，可免试部分内容。从2019年起，在有条件的地区和高校探索实施试点工作，制定符合国情的国家资历框架。

三、促进产教融合校企“双元”育人

（九）坚持知行合一、工学结合。

借鉴“双元制”等模式，总结现代学徒制和企业新型学徒制试点经验，校企共同研究制定人才培养方案，及时将新技术、新工艺、新规范纳入教学标准和教学内容，强化学生实习实训。健全专业设置定期评估机制，强化地方引导本区域职业院校优化专业设置的职责，原则上每5

年修订1次职业院校专业目录，学校依据目录灵活自主设置专业，每年调整1次专业。健全专业教学资源库，建立共建共享平台的资源认证标准和交易机制，进一步扩大优质资源覆盖面。遴选认定一大批职业教育在线精品课程，建设一大批校企“双元”合作开发的国家规划教材，倡导使用新型活页式、工作手册式教材并配套开发信息化资源。每3年修订1次教材，其中专业教材随信息技术发展和产业升级情况及时动态更新。适应“互联网+职业教育”发展需求，运用现代信息技术改进教学方式方法，推进虚拟工厂等网络学习空间建设和普遍应用。

（十）推动校企全面加强深度合作。

职业院校应当根据自身特点和人才培养需要，主动与具备条件的企业在人才培养、技术创新、就业创业、社会服务、文化传承等方面开展合作。学校积极为企业提供所需的课程、师资等资源，企业应当依法履行实施职业教育的义务，利用资本、技术、知识、设施、设备和管理等要素参与校企合作，促进人力资源开发。校企合作中，学校可从中获得智力、专利、教育、劳务等报酬，具体分配由学校按规定自行处理。在开展国家产教融合建设试点基础上，建立产教融合型企业认证制度，对进入目录的产教融合型企业给予“金融+财政+土地+信用”的组合式激励，并按规定落实相关税收政策。试点企业兴办职业教育的投资符合条件的，可按投资额一定比例抵免该企业当年应缴教育费附加和地方教育附加。厚植企业承担职业教育责任的社会环境，推动职业院校和行业企业形成命运共同体。

（十一）打造一批高水平实训基地。

加大政策引导力度，充分调动各方面深化职业教育改革创新的积极性，带动各级政府、企业和职业院校建设一批资源共享，集实践教学、社会培训、企业真实生产和社会技术服务于一体的高水平职业教育实训基地。面向先进制造业等技术技能人才紧缺领域，统筹多种资源，建设若干具有辐射引领作用的高水平专业化产教融合实训基地，推动开放共享，辐射区域内学校和企业；鼓励职业院校建设或校企共建一批校内实训基地，提升重点专业建设和校企合作育人水平。积极吸引企业和社会力量参与，指导各地各校借鉴德国、日本、瑞士等国家经验，探索创新实训基地运营模式。提高实训基地规划、管理水平，为社会公众、职业院校在校生取得职业技能等级证书和企业提升人力资源水平提供有力支撑。

（十二）多措并举打造“双师型”教师队伍。

从 2019 年起，职业院校、应用型本科高校相关专业教师原则上从具有 3 年以上企业工作经历并具有高职以上学历的人员中公开招聘，特殊高技能人才（含具有高级工以上职业资格人员）可适当放宽学历要求，2020 年起基本不再从应届毕业生中招聘。加强职业技术师范院校建设，优化结构布局，引导一批高水平工科学校举办职业技术师范教育。实施职业院校教师素质提高计划，建立 100 个“双师型”教师培养培训基地，职业院校、应用型本科高校教师每年至少 1 个月在企业或实训基地实训，落实教师 5 年一周期的全员轮训制度。探索组建高水平、结构化教师教学创新团队，教师分工协作进行模块化教学。定期组织选派职业院校专业骨干教师赴国外研修访学。在职业院校实行高层次、高技能人才以直接考察的方式公开招聘。建立健全职业院校自主聘任兼职教师的办法，推动企业工程技术人员、高技能人才和职业院校教师双向流动。职业院校通过校企合作、技术服务、社会培训、自办企业等所得收入，可按一定比例作为绩效工资来源。

四、建设多元办学格局

（十三）推动企业和社会力量举办高质量职业教育。

各级政府部门要深化“放管服”改革，加快推进职能转变，由注重“办”职业教育向“管理与服务”过渡。政府主要负责规划战略、制定政策、依法依规监管。发挥企业重要办学主体作用，鼓励有条件的企业特别是大企业举办高质量职业教育，各级人民政府可按规定给予适当支持。完善企业经营管理和技术人员与学校领导、骨干教师相互兼职兼薪制度。2020年初步建成300个示范性职业教育集团（联盟），带动中小企业参与。支持和规范社会力量兴办职业教育培训，鼓励发展股份制、混合所有制等职业院校和各类职业培训机构。建立公开透明规范的民办职业教育准入、审批制度，探索民办职业教育负面清单制度，建立健全退出机制。

（十四）做优职业教育培训评价组织。

职业教育包括职业学校教育和职业培训，职业院校和应用型本科高校按照国家教学标准和规定职责完成教学任务和职业技能人才培养。同时，也必须调动社会力量，补充校园不足，助力校园办学。能够依据国家有关法规和职业标准、教学标准完成的职业技能培训，要更多通过职业教育培训评价组织（以下简称培训评价组织）等参与实施。政府通过放宽准入，严格末端监督执法，严格控制数量，扶优、扶大、扶强，保证培训质量和学生能力水平。要按照在已成熟的品牌中遴选一批、在成长中的品牌中培育一批、在有需要但还没有建立项目的领域中规划一批的原则，以社会化机制公开招募并择优遴选培训评价组织，优先从制订过国家职业标准并完成标准教材编写，具有专家、师资团队、资金实力和5年以上优秀培训业绩的机构中选择。培训评价组织应对接职业标准，与国际先进标准接轨，按有关规定开发职业技能等级标准，负责实施职业技能考核、评价和证书发放。政府部门要加强监管，防止出现乱培训、滥发证现象。行业协会要积极配合政府，为培训评价组织提供好服务环境支持，不得以任何方式收取费用或干预企业办学行为。

五、完善技术技能人才保障政策

（十五）提高技术技能人才待遇水平。

支持技术技能人才凭技能提升待遇，鼓励企业职务职级晋升和工资分配向关键岗位、生产一线岗位和紧缺急需的高层次、高技能人才倾斜。建立国家技术技能大师库，鼓励技术技能大师建立大师工作室，并按规定给予政策和资金支持，支持技术技能大师到职业院校担任兼职教师，参与国家重大工程项目联合攻关。积极推动职业院校毕业生在落户、就业、参加机关事业单位招聘、职称评审、职级晋升等方面与普通高校毕业生享受同等待遇。逐步提高技术技能人才特别是技术工人收入水平和地位。机关和企事业单位招用人员不得歧视职业院校毕业生。国务院人力资源社会保障行政部门会同有关部门，适时组织清理调整对技术技能人才的歧视政策，推动形成人人皆可成才、人人尽展其才的良好环境。按照国家有关规定加大对职业院校参加有关技能大赛成绩突出毕业生的表彰奖励力度。办好职业教育活动周和世界青年技能日宣传活动，深入开展“大国工匠进校园”“劳模进校园”“优秀职校生校园分享”等活动，宣传展示大国工匠、能工巧匠和高素质劳动者的事迹和形象，培育和传承好工匠精神。

（十六）健全经费投入机制。

各级政府要建立与办学规模、培养成本、办学质量等相适应的财政投入制度，地方政府要按规定制定并落实职业院校生均经费标准或公用经费标准。在保障教育合理投入的同时，优化教育支出结构，新增教育经费要向职业教育倾斜。鼓励社会力量捐资、出资兴办职业教育，拓宽办学筹资渠道。进一步完善中等职业学校生均拨款制度，各地中等职业学校生均财政拨款水平可适当高于当地普通高中。各地在继续巩固落实好高等职业教育生均财政拨款水平达到12000元的基础上，根据发展需要和财力可能逐步提高拨款水平。组织实施好现代职业教育质量提升计划、产教融合工程等。经费投入要进一步突出改革导向，支持校企合作，注重向中西部、贫困地区和民族地区倾斜。进一步扩大职业院校助学金覆盖面，完善补助标准动态调整机制，落实对建档立卡等家庭经济困难学生的倾斜政策，健全职业教育奖学金制度。

六、加强职业教育办学质量督导评价

（十七）**建立健全职业教育质量评价和督导评估制度。**

以学习者的职业道德、技术技能水平和就业质量，以及产教融合、校企合作水平为核心，建立职业教育质量评价体系。定期对职业技能等级证书有关工作进行“双随机、一公开”的抽查和监督，从2019年起，对培训评价组织行为和职业院校培训质量进行监测和评估。实施职业教育质量年度报告制度，报告向社会公开。完善政府、行业、企业、职业院校等共同参与的质量评价机制，积极支持第三方机构开展评估，将考核结果作为政策支持、绩效考核、表彰奖励的重要依据。完善职业教育督导评估办法，建立职业教育定期督导评估和专项督导评估制度，落实督导报告、公报、约谈、限期整改、奖惩等制度。国务院教育督导委员会定期听取职业教育督导评估情况汇报。

（十八）**支持组建国家职业教育指导咨询委员会。**

为把握正确的国家职业教育改革发展方向，创新我国职业教育改革发展模式，提出重大政策研究建议，参与起草、制订国家职业教育法律法规，开展重大改革调研，提供各种咨询意见，进一步提高政府决策科学化水平，规划并审议职业教育标准等，在政府指导下组建国家职业教育指导咨询委员会。成员包括政府人员、职业教育专家、行业企业专家、管理专家、职业教育研究人员、中华职业教育社等团体和社会各方面热心职业教育的人士。通过政府购买服务等方式，听取咨询机构提出的意见建议并鼓励社会和民间智库参与。政府可以委托国家职业教育指导咨询委员会作为第三方，对全国职业院校、普通高校、校企合作企业、培训评价组织的教育管理、教学质量、办学方式模式、师资培养、学生职业技能提升等情况，进行指导、考核、评估等。

七、做好改革组织实施工作

（十九）加强党对职业教育工作的全面领导。

以习近平新时代中国特色社会主义思想特别是习近平总书记关于职业教育的重要论述武装头脑、指导实践、推动工作。加强党对教育事业的全面领导，全面贯彻党的教育方针，落实中央教育工作领导小组各项要求，保证职业教育改革发展正确方向。要充分发挥党组织在职业院校的领导核心和政治核心作用，牢牢把握学校意识形态工作领导权，将党建工作与学校事业发展同部署、同落实、同考评。指导职业院校上好思想政治理论课，实施好中等职业学校“文明风采”活动，推进职业教育领域“三全育人”综合改革试点工作，使各类课程与思想政治理论课同向同行，努力实现职业技能和职业精神培养高度融合。加强基层党组织建设，有效发挥基层党组织的战斗堡垒作用和共产党员的先锋模范作用，带动学校工会、共青团等群团组织和学生会组织建设，汇聚每一位师生员工的积极性和主动性。

（二十）完善国务院职业教育工作部际联席会议制度。

国务院职业教育工作部际联席会议由教育、人力资源社会保障、发展改革、工业和信息化、财政、农业农村、国资、税务、扶贫等单位组成，国务院分管教育工作的副总理担任召集人。联席会议统筹协调全国职业教育工作，研究协调解决工作中重大问题，听取国家职业教育指导咨询委员会等方面的意见建议，部署实施职业教育改革创新重大事项，每年召开两次会议，各成员单位就有关工作情况向联席会议报告。国务院教育行政部门负责职业教育工作的统筹规划、综合协调、宏观管理，国务院教育行政部门、人力资源社会保障行政部门和其他有关部门在职责范围内，分别负责有关的职业教育工作。各成员单位要加强沟通协调，做好相关政策配套衔接，在国家和区域战略规划、重大项目安排、经费投入、企业办学、人力资源开发等方面形成政策合力。推动落实《中华人民共和国职业教育法》，为职业教育改革创新提供重要的制度保障。

附录 2　职业教育“双师型”教师基本标准（试行）

第一条　贯彻党的教育方针，热爱职业教育事业，具有良好的思想政治素质和师德素养，自觉践行社会主义核心价值观，弘扬劳模精神、劳动精神、工匠精神，为人师表，关爱学生。

第二条　落实立德树人根本任务，遵循职业教育规律和技术技能人才成长规律，践行产教融合、校企合作，做到工学结合、知行合一、德技并修。在教育教学和技术技能培养过程中落实课程思政要求，形成相应的经验模式。

第三条　具备相应的理论教学和实践教学能力，掌握先进的教学理念和教学方法，积极参与教学改革与研究。能够采取多种教学模式方式，有效运用现代信息技术开展教学。

第四条　紧跟产业发展趋势和行业人才需求，具有企业相关工作经历，或积极深入企业和生产服务一线进行岗位实践，时长、形式、内容、标准等应符合职业学校教师企业实践相关规定。理解所教专业（群）与产业的关系，了解产业发展、行业需求和职业岗位变化，及时将新技术、新工艺、新规范融入教学。

第五条 中等职业学校教师申报各层级“双师型”教师，在满足第一至四条标准的基础上，还应具备以下条件。

（一）初级“双师型”教师

1. 具有较扎实的专业知识和技能，掌握所教课程的课程标准、教学原理，以及教学、生产实习实训方法等，教学经验比较丰富，教学效果好。

2. 具有一定的指导和开展教育教学研究的能力，积极参与并承担教学研究任务，在教学改革和专业建设实践中积累了一定经验。

3. 具有一定的企业相关工作经历或者实践经验，了解本专业工作过程或技术流程，积极承担实习实训教学和产教融合、校企合作等工作。获得相关的国家职业技能等级证书或职业资格证书，或具有本专业或相近专业非教师系列初级及以上职务（职称），或具有相应的能力水平。

（二）中级“双师型”教师

1. 具有扎实的理论基础、专业知识和精湛的操作技能，了解本专业发展现状和趋势，掌握先进的教育理念、教学方法，教学业绩显著，形成一定的教学特色和可供借鉴的教学经验。

2. 具有较强的指导和开展教育教学研究、实习实训教学研究、专业建设、技术革新的能力，在教学改革和专业建设实践中取得较突出的成果，起到带头人的作用。

3. 具有较为丰富的企业相关工作经历或者实践经验，掌握本专业工作过程或技术流程，在实习实训教学、设备改造、技术革新等校企合作方面取得较突出成果。获得相关的国家职业资格中级及以上证书或职业技能等级中级及以上证书，或具有本专业或相近专业非教师系列中级及以上职务（职称），或具有相应的能力水平。

（三）高级“双师型”教师

1. 深入系统地掌握本专业基础理论，具有丰富的专业知识和精湛的操作技能，掌握国内外本专业发展现状和趋势，掌握先进的教育理念、教学方法，教学业绩突出，教学特色鲜明，形成可供推广和借鉴的教学经验或模式。

2. 在教育教学团队中发挥关键作用，担任地市级以上专业带头人、教学名师、教学创新团队带头人、技艺技能传承创新平台负责人等，具有主持和指导教育教学研究的能力，在教育思想、专业建设、课程改革、实践教学改革、教学方法等方面取得显著成果，发挥示范引领作用，在指导和培养其他教师方面做出突出贡献。

3. 具有丰富的企业相关工作经历或者实践经验，熟练掌握本专业工作过程或技术流程，在实习实训教学、设备改造、技术革新等校企合作方面取得突出成果。获得相关的国家职业资格高级证书或职业技能等级高级证书，或具有本专业或相近专业非教师系列高级职务（职称），或具有相应的能力水平。

第六条 高等职业学校教师申报各层级“双师型”教师，在满足第一至四条标准的基础上，还应具备以下条件。

（一）初级“双师型”教师

1. 具有较扎实的专业知识和技能，掌握所教课程的课程标准、教学原理，以及教学、生产实习实训方法等，教学经验比较丰富，教学效果好。

2. 具有一定的组织和开展教育教学研究的能力，积极参与并承担教学研究任务，在教育思想、专业建设、课程改革、实践教学改革、教学方法等方面积累了一定经验。有发表、出版的学术论文、教学研究成果、著作或教科书等代表性成果。

3. 具有一定的企业相关工作经历或者实践经验，了解本专业工作过程或技术流程，在实习实训教学、设备改造、技术革新、成果转化等校企合作方面取得一定的成果，取得一定的经济效益和社会效益。获得相关的国家职业技能等级证书或职业资格证书，或具有本专业或相近专业非教师系列初级及以上职务（职称），或具有相应的能力水平。

（二）中级“双师型”教师

1. 具有扎实的理论基础、专业知识和精湛的操作技能，了解本专业发展现状和趋势，掌握先进的教育理念、教学方法，教学业绩显著，形成一定的教学特色和可供借鉴的教学经验。

2. 具有较强的指导与开展教育教学研究、实习实训教学研究、专业建设、技术革新的能力。参与过重要教学研究或科研项目，在教育思想、专业建设、课程改革、实践教学改革、教学方法等方面取得较突出的成果，起到带头人的作用。有发表、出版的具有较大影响的学术论文、教学研究成果、著作或教科书等代表性成果，受到学术界的好评。

3. 具有较为丰富的企业相关工作经历或者实践经验，掌握本专业工作过程或技术流程，在实习实训教学、设备改造、技术革新、成果转化等校企合作方面取得较突出成果，取得较为显著的经济效益和社会效益。获得相关的国家职业技能等级中级及以上证书或职业资格中级及以上证书，或具有本专业或相近专业非教师系列中级及以上职务（职称），或具有相应的能力水平。

4. 作为主要参与者获得技能竞赛类、教学成果类、科技发明类等代表本领域较高水平的奖项；或指导学生获得地市级及以上技能竞赛类、教学成果类、科技发明类等奖励。

（三）高级“双师型”教师

1. 深入系统地掌握本专业基础理论，具有丰富的专业知识和精湛的操作技能，掌握国内外本专业发展现状和趋势，掌握先进的教育理念、教学方法，教学业绩突出，教学特色鲜明，形成可供推广和借鉴的教学经验或模式。

2. 在教育教学团队中发挥关键作用，担任地市级以上专业带头人、教学名师、教学创新团队带头人、技艺技能传承创新平台负责人等，主持过重要教育教学改革项目、教学研究项目或科研项目，在教育思想、专业建设、课程改革、实践教学改革、教学方法等方面取得显著成果，发挥示范引领作用，在指导和培养其他教师方面做出突出贡献。有发表、出版的有重要影响的学术论文、教学研究成果、著作或教科书等代表性成果。

3. 具有丰富的企业相关工作经历或者实践经验，熟练掌握本专业工作过程或技术流程，在实习实训教学、设备改造、技术革新、成果转化等校企合作方面取得突出成果，取得重大的经济效益和社会效益。获得相关的国家职业资格高级证书或职业技能等级高级证书，或具有本专业或相近专业非教师系列高级职务（职称），或具有相应的能力水平。

4. 作为主要参与者获得技能竞赛类、教学成果类、科技发明类等代表本领域先进水平的奖项；或指导学生获得省级及以上技能竞赛类、教学成果类、科技发明类等奖励。

第七条　技工院校“一体化”教师可参照实施。